Weihnachtswünsche – Wunschgeschenke

Weihnachtswünsche – Wunschgeschenke

Mit Bildern von
Tilman Michalski

Sanssouci

Zusammengestellt von Monika Blume

1 2 3 4 5 00 99 98 97 96

ISBN-3-7254-1103-4

Satz: Satz für Satz. Barbara Amann, Leutkirch
Druck und Bindung: Franz Spiegel Buch GmbH, Ulm
Printed in Germany

Isaac B. Singer

Zlateh die Geiß

Zur Chanukka-Zeit ist die Straße vom Dorf in die Stadt gewöhnlich eingeschneit, aber in diesem Jahr war der Winter mild gewesen. Chanukka nahte, aber nur wenig Schnee war gefallen. Meistens schien die Sonne. Die Bauern klagten, weil das Wintergetreide wegen des trockenen Wetters nur eine magere Ernte versprach. Neues Gras sproß, und die Bauern trieben ihr Vieh auf die Weide.

Für Ruben den Pelzhändler war es ein schlechtes Jahr, und nach langem Zögern entschloß er sich, Zlateh die Geiß zu verkaufen. Sie war alt und gab nur noch wenig Milch. Der Stadtmetzger Feiwel hatte acht Gulden für sie geboten. Für diese Summe konnte man Chanukka-Kerzen kaufen, Kartoffeln und Öl für die Pfannkuchen, Geschenke für die Kinder und andere Dinge, die zu Feiertagen im Hause nötig sind. Ruben befahl seinem ältesten Sohn Aaron, die Geiß in die Stadt zu bringen. Aaron verstand, was es hieß, die Geiß zu Feiwel zu bringen, aber er gehorchte seinem Vater. Lea, seine Mutter, wischte sich Tränen vom Gesicht, als sie die Neuigkeit hörte. Aarons jüngere Schwestern, Anna und Mirjam, weinten laut. Aaron zog seine gesteppte Jacke an und setzte die Mütze mit den Ohrenklappen auf, band einen Strick um den Hals und steckte zwei Käsebrote ein, die er unterwegs essen wollte. Aaron sollte die Geiß abends abliefern, die Nacht über bei den Metzgersleuten bleiben und am anderen Tag mit dem Geld zurückkehren.

Während sich die Familie von der Geiß verabschiedete und Aaron den Strick an ihrem Hals zurechtrückte, stand Zlateh geduldig und gutmütig wie immer da. Sie leckte Ruben die Hand. Sie schüttelte ihren dünnen, weißen Bart. Zlateh vertraute den Menschen. Sie wußte, daß sie immer gefüttert wurde und man ihr niemals etwas zuleide tat.

Als Aaron sie auf die Straße zur Stadt brachte, schien sie etwas erstaunt zu sein. Sie war nie zuvor in diese Richtung geführt worden. Fragend schaute sie zu ihm zurück, als wollte sie sagen: »Wohin führst du mich?« Aber nach einer Weile war sie wohl zu dem Ergebnis gekommen, daß eine Geiß keine Fragen stellen sollte. Dennoch, dieser Weg war anders als die gewohnten. Sie kamen an neuen Feldern, Weiden und strohgedeckten Hütten vorbei. Ab und zu bellte ein Hund und rannte hinter ihnen her, aber Aaron verjagte ihn mit seinem Stock.

Die Sonne schien, als Aaron das Dorf verlassen hatte. Plötzlich aber änderte sich das Wetter. Eine große schwarze Wolke, blau in der Mitte, zog von Osten auf und breitete sich rasch über den ganzen Himmel aus. Kalter Wind blies. Tief flogen krächzend die Krähen. Zuerst sah es so aus, als wollte es regnen, aber dann fing es wie im Sommer zu hageln an. Es war noch früh am Tag, aber es wurde dunkel wie zur Dämmerung. Nach einer Weile löste Schnee den Hagel ab.

Aaron hatte in seinen zwölf Jahren schon jedes Wetter gesehen, aber einen Schneefall wie diesen hatte er noch nicht erlebt. Die Schneeflocken fielen so dicht, daß das Tageslicht verlöschte. Nach kurzer Zeit war der Weg völlig bedeckt. Eisiger Wind kam auf. Die Straße zur Stadt war eng und gewunden. Aaron wußte nicht mehr, wo er war. Er konnte durch den fallenden Schnee nicht hindurchschauen. Die Kälte durchdrang bald seine gesteppte Jacke.

Zuerst schien Zlateh den Wetterwechsel gar nicht zu beachten. Auch sie war zwölf Jahre alt und wußte, was Winter bedeutet. Aber als ihre Beine immer tiefer und tiefer im Schnee einsanken, drehte sie den Kopf und schaute Aaron verwundert an. Ihre sanften Augen schienen zu fragen: »Warum sind wir bei so einem Sturm draußen?« Aaron hoffte, daß ein Bauer mit seinem Marktwagen daherkäme, aber keiner kam.

Der Schnee fiel dichter in großen Flocken auf den Boden. Aaron spürte unter seinen Stiefeln weiches, gepflügtes Feld. Er merkte, daß er vom Weg abgekommen war. Er wußte nicht, wo Osten und wo Westen war, wo das Dorf lag und wo die Stadt. Der Wind pfiff und heulte und trieb den Schnee in Wirbeln umher. Er sah aus, als ob weiße Kobolde über den Feldern Fangen spielten. Weißer Staub wirbelte auf. Zlateh stand still. Sie konnte nicht mehr laufen. Widerspenstig stemmte sie ihre gespaltenen Hufe in den Boden und meckerte, als ob sie darum bitten wollte, nach Hause geführt zu werden. Eiszapfen hingen von ihrem weißen Bart herunter, und ihre Hörner glänzten vom Eis.

Aaron wollte die Gefahr nicht zugeben, aber er wußte trotzdem, daß sie erfrieren würden, wenn sie keinen Unterschlupf fanden. Das war kein gewöhnlicher Sturm. Das war ein Blizzard, der schlimmste Schneesturm. Der Schnee reichte ihm bis zu den Knien. Seine Hände waren erstarrt, und seine Zehen konnte er nicht mehr spüren. Wie Holz fühlte sich seine Nase an, und er rieb sie mit Schnee ein. Zlatehs Meckern hörte sich wie Weinen an. Diese Menschen, denen sie so sehr vertraut hatte, hatten sie in eine Falle geführt.

Aaron begann zu Gott zu beten, für sich selbst und für das unschuldige Tier.

Plötzlich erkannte er die Form eines Hügels. Was das wohl sein mochte? Wer hatte den Schnee zu so einem riesigen Haufen aufgetürmt? Zlateh hinter sich her zerrend, ging Aaron darauf zu. Als er näher kam, sah er, daß es ein großer Heuhaufen war, den der Schnee zugedeckt hatte.

Aaron begriff sofort, daß sie gerettet waren. Unter großer Anstrengung grub er sich einen Weg durch den Schnee. Er war ein Dorfjunge und wußte, was zu tun war. Als er das Heu erreicht hatte, höhlte er ein Nest für sich und die Geiß aus. Wie kalt es draußen auch sein mag, im Heu ist es immer warm. Und Heu war Futter für Zlateh. Kaum hatte sie es gerochen, da war sie zufrieden und begann zu fressen. Draußen fiel weiter Schnee. Schnell deckte er den Durchgang wieder zu, den Aaron gegraben hatte. Aber ein Junge und ein Tier müssen atmen, und es war kaum Luft in ihrem Versteck. Aaron bohrte eine Art Fenster durch das Heu und den Schnee und hielt das Loch sorgfältig frei. Nachdem Zlateh sich satt gegessen hatte, setzte sie sich auf die Hinterbeine. Sie schien ihr Vertrauen in die Menschheit wiedergewonnen zu haben. Aaron aß seine zwei Käsebrote, aber nach dieser mühsamen Reise war er noch hungrig. Er schaute Zlateh an und bemerkte, daß ihre Euter voll waren. Er legte sich so neben sie hin, daß er sich die Milch in den Mund melken konnte. Die Milch war fett und schmeckte süß. Zlateh war es zwar nicht gewohnt, auf diese Weise gemolken zu werden, aber sie wehrte sich nicht. Im Gegenteil, sie schien Aaron dafür belohnen zu wollen, daß er sie in einen Unterschlupf geführt hatte, dessen Wände, Boden und Decke aus lauter Futter für sie bestanden.

Durch das Loch konnte Aaron einen Blick nach draußen werfen. Der Wind trieb Schneeschauer vorbei. Es war stockdunkel, und er wußte nicht, ob es schon Nacht geworden war, oder ob der Schneesturm die Dunkelheit verursachte. Gott sei Dank war es im Heu nicht kalt. Das getrocknete Heu, Gras und Feldblumen, strömte die Wärme der Sommersonne aus. Zlateh fraß in einem fort; sie knabberte oben und unten, links und rechts. Ihr Körper gab Wärme ab, und Aaron kuschelte sich eng an sie. Er hatte Zlateh schon immer gern gehabt, aber jetzt war sie wie eine Schwester. Er war allein, von seiner Familie abgeschnitten, und er wollte reden. So sprach er mit Zlateh.

»Zlateh, was meinst du wohl, was aus uns werden wird?« fragte er.

»Mäh«, antwortete Zlateh.

»Wenn wir den Heuhaufen nicht gefunden hätten, wären wir beide jetzt schon steif gefroren«, sagte Aaron.

»Mäh«, antwortete Zlateh.

»Wenn weiter so viel Schnee fällt wie jetzt, müssen wir tagelang hier bleiben«, erklärte Aaron.

»Mäh«, meckerte die Geiß.

»Was bedeutet ›Mäh‹?« fragte Aaron. »Du solltest deutlicher sprechen.«

»Mäh, mäh«, war die Antwort der Geiß.

»Gut, lassen wir's bei ›Mäh‹«, sagte Aaron geduldig. »Du kannst nicht sprechen, aber ich weiß, du verstehst mich. Ich brauche dich und du brauchst mich, nicht wahr?«

»Mäh.«

Aaron wurde schläfrig. Er machte sich aus etwas Heu ein Kissen, lehnte den Kopf daran und schlummerte ein. Zlateh schlief auch.

Als Aaron die Augen öffnete, wußte er nicht, ob es Morgen oder Nacht war. Der Schnee hatte sein Fenster verstopft. Er versuchte es freizulegen, aber als er seinen Arm ganz hineingebohrt hatte, war er noch immer nicht draußen angelangt. Glücklicherweise hatte er seinen Stock bei sich und konnte damit durchstoßen. Draußen war es noch immer dunkel. Schnee fiel, und der Wind heulte, zuerst nur mit einer Stimme und dann mit vielen. Manchmal klang es wie teuflisches Gelächter. Zlateh wachte auf, und als Aaron sie begrüßte, antwortete sie. »Mäh.« Ja, Zlatehs Sprache bestand nur aus einem Wort, aber das bedeutete so vieles. Jetzt sagte sie: »Wir müssen alles annehmen, was Gott uns gibt. Hitze, Kälte, Zufriedenheit, Licht und Dunkelheit.«

Aaron war hungrig aufgewacht. Er hatte seine Brote gegessen, aber Zlateh gab noch viel Milch.

Drei Tage blieben Aaron und Zlateh in dem Heuhaufen. Aaron hatte Zlateh schon immer gern gehabt, aber in diesen drei Tagen gewann er sie noch viel lieber. Sie nährte ihn mit ihrer Milch und half ihm, warm zu bleiben. Sie ermutigte ihn mit ihrer Geduld. Er erzählte ihr viele Geschichten, und immer spitzte sie die Ohren und hörte zu. Wenn er sie streichelte, leckte sie ihm Gesicht und Hände. Dann sagte sie: »Mäh.« Und er wußte, das bedeutete: Ich hab' dich lieb.

Drei Tage fiel der Schnee, wenn auch nach den ersten Tagen nicht mehr so dicht; und der Wind hatte sich gelegt. Manchmal war es Aaron, als hätte es nie einen Sommer gegeben, als wäre immer Schnee gefallen, solange er sich erinnern konnte. Als hätte er niemals Vater und Mutter gehabt. Als wäre er ein Schneekind, vom Schnee geboren, und Zlateh auch. Es war so ruhig im Heu, daß es bei dieser Stille in seinen Ohren brauste. Aaron und Zlateh schliefen die ganze Nacht und einen guten Teil des Tages. In Aarons Träumen war immer warmes Wetter. Er träumte von grünen Feldern, blühenden Bäumen, klaren Bächen und singenden Vögeln. In der dritten Nacht hörte es zu schneien auf, aber Aaron wagte nicht, in der Dunkelheit den Heimweg zu suchen. Der Himmel wurde klar, der Mond schien und warf silberne Netze über den Schnee. Aaron grub sich aus und schaute sich die Welt an. Alles war weiß, ruhig, und träumte Träume von himmlischer Herrlichkeit. Groß und nah waren die Sterne. Der Mond schwamm am Himmel wie in einem See.

Am Morgen des vierten Tages hörte Aaron das Klingeln von Schlittenglocken. Der Heuhaufen lag nicht weit von der Straße. Der Bauer, der den Schlitten fuhr, zeigte ihm den Weg – nicht in die Stadt und zum Metzger Feiwel, sondern heim ins Dorf. Aaron hatte im Heuhaufen beschlossen, sich niemals mehr von Zlateh zu trennen.

Aarons Familie und die Nachbarn hatten nach ihm und der Geiß gesucht, aber während des Sturms war keine Spur von ihnen zu finden. Sie fürchteten, daß sie verloren waren. Aarons Mutter und Schwestern beweinten ihn, sein Vater blieb still und traurig. Plötzlich kam einer der Nachbarn mit der Nachricht gerannt, daß Aaron und Zlateh die Straße heraufkämen.

Große Freude herrschte in der Familie. Aaron erzählte ihnen, wie er den Heuhaufen gefunden und wie Zlateh ihn mit ihrer Milch genährt hatte. Aarons Schwestern küßten und umarmten Zlateh und gaben ihr etwas ganz besonders Gutes zu fressen: geschnitzelte Rüben und Kartoffelschalen, die Zlateh hungrig verschlang.

Niemand dachte jemals wieder daran, Zlateh zu verkaufen. Und nun, da das kalte Wetter endgültig eingesetzt hatte, brauchten die Dorfleute auch wieder Ruben des Pelzhändlers Dienste. Als Chanukka kam, konnte Aarons Mutter jeden Abend Kartoffelpuffer braten, und Zlateh bekam auch ihren Teil. Obgleich Zlateh ihren eigenen Stall hatte, kam sie oft in die Küche. Sie klopfte dann mit ihren Hörnern an die Tür, um anzuzeigen, daß sie einen Besuch machen wollte, und sie wurde immer hereingelassen. Am Abend spielten Aaron, Mirjam und Anna »Dredl«. Zlateh lag neben dem Ofen und beobachtete die Kinder und das Flackern der Chanukka-Kerzen.

Mitunter fragte dann Aaron: »Zlateh, erinnerst du dich noch an die drei Tage, die wir zusammen verbrachten?«

Und Zlateh kratzte sich dann mit einem Horn den Hals, schüttelte den weißbärtigen Kopf und meckerte ihr »Mäh«, das alle ihre Gedanken ausdrückte und ihre ganze Liebe.

Charles Tazewell

Der kleinste Engel und der Weihnachtsstern

Vor vielen, vielen Jahren nach menschlicher Berechnung, aber erst gestern im Himmelskalender, da war einmal im Paradies ein sehr unglücklicher, sehr betrübter Cherub, der im ganzen Himmel als der kleinste Engel bekannt war. Er war genau vier Jahre, sechs Monate, fünf Tage, sieben Stunden und zweiundvierzig Minuten alt, als er vor dem ehrwürdigen Torhüter erschien und darauf wartete, in das strahlende Reich Gottes eingelassen zu werden.

Trotzig stand er da, spreizte weit die kurzen braunen Beinchen und gab sich den Anschein, als ob ihm der unirdische Glanz gar keinen Eindruck machte, und als hätte er nicht die geringste Angst. Aber seine Unterlippe zitterte, und er mußte sich einer Träne schämen, die auf seinem ohnehin verweinten Gesicht eine neue Furche hinterließ und auf seiner sommersprossigen Nasenspitze plötzlich haltmachte.

Das war aber noch nicht alles. Während der freundliche Torhüter den Namen in sein großes Buch eintrug, versuchte der kleinste Engel, der wie gewöhnlich sein Taschentuch vergessen hatte, die beschämende Tatsache durch ein Geschnupfe zu verbergen. Das war ein ganz unengelhaftes Geräusch, worüber der gute Torhüter so sehr erschrak, daß er etwas tat, das ihm noch nie zuvor widerfahren war. Er machte einen Tintenklecks!

Von diesem Augenblick an war es mit dem himmlischen Frieden nicht mehr wie früher, und der kleinste Engel brachte bald die himmlischen Heerscharen zur Verzweiflung. Sein schrilles, ohrenbetäubendes Pfeifen ertönte zu allen Stunden auf den goldenen Straßen. Es erschreckte die alten Propheten und störte sie beim Nachdenken. Ja, zu allem sang das Englein bei den Proben des Himmelschores unweigerlich und schauerlich falsch und verdarb damit die zauberhafte Wirkung.

Da es so klein war, daß es immer doppelt so lange Zeit brauchte wie die andern, um zum Abendgebet zu kommen, verspätete es sich jedesmal und stieß die Flügel der andern durcheinander, wenn es an seinen Platz eilte.

Dieses schlechte Betragen hätte man ja nun übersehen können, aber das Aussehen des kleinsten Engels war noch schlimmer als sein Benehmen. Zuerst ging unter den Seraphim und Cherubim nur ein Geflüster um, doch schließlich wurde es unter den Engeln und Erzengeln laut gesagt: Er sah nicht einmal wie ein Engel aus!

Das stimmte leider. Er sah wirklich nicht wie ein Engel aus. Sein Heiligenschein wurde immerzu trübe und glanzlos, weil er ihn beim Rennen mit seinem heißen Patschhändchen festhielt, und er rannte ja fortwährend. Stand er aber einmal still, dann saß ihm der Heiligenschein nicht so auf dem Kopf, wie es sich gehörte. Er rutschte ihm stets über das rechte Auge. Oder über das linke Auge. Oder er rutschte ihm aus schierer Bosheit vom Hinterkopf und rollte eine goldene Straße hinab, so daß ihm das Englein nachjagen mußte.

Ja, es muß auch gesagt werden, daß seine Flügel weder nützlich noch zierend waren. Im Paradies hielten alle den Atem an, wenn sich der kleinste Engel wie ein unglückliches flügges Spätzlein am äußersten Rand einer vergoldeten Wolke niederließ und sich auf den Abflug vorbereitete. Er trippelte zaghaft hin und her, und nach viel gutem Zureden und einigen verkehrten Ansätzen schloß er die Augen, hielt seine sommersprossige Nase zu, zählte bis dreihundertdrei und stürzte sich langsam in den weiten Raum. Da er leider immer vergaß, die Flügel zu bewegen, fiel er Hals über Heiligenschein hinunter.

Es wurde auch berichtet und nie abgestritten, daß der kleinste Engel an den Flügelspitzen knabberte, wenn er aufgeregt war, was häufig vorkam.

Man kann also leicht verstehen, daß der kleinste Engel früher oder später bestraft werden mußte. So wurde ihm denn an einem ewigen Tag im ewigen Monat eines ewigen Jahres befohlen, in seiner ganzen kleinen Persönlichkeit vor dem Friedensengel zu erscheinen.

Der kleinste Engel kämmte sich das Haar, staubte seine Flügel ab, schlüpfte in ein beinahe sauberes Gewand und machte sich dann schweren Herzens auf den Weg zur Richterstätte. Er versuchte den gefürchteten Urteilsspruch hinauszuschieben, indem er auf der Straße der Schutzengel trödelte und ein paar ewige Augenblicke stehenblieb, um die lange Liste der Neuankömmlinge eingehend zu betrachten, obgleich der ganze Himmel wußte, daß er kein Wort lesen konnte. Hierauf verschwendete er mehrere unvergängliche Minuten mit der sorgfältigen Prüfung der ausgestellten goldenen Harfen, obwohl jeder in der Himmelsstadt wußte, daß er nicht imstande war, eine Viertelnote von einer Sechzehntelnote zu unterscheiden. Doch schließlich und endlich näherte er sich langsam einem Portal, über dem eine goldene Waage kundtat, daß dort die himmlische Gerechtigkeit geübt wurde. Zu seiner großen Überraschung hörte der kleinste Engel drinnen eine fröhliche Stimme singen.

Der kleinste Engel nahm seinen Heiligenschein ab, hauchte kräftig darauf und rieb ihn mit seinem Hemdzipfel blank, wodurch das unordentliche Aussehen seines Gewandes nicht gerade verbessert wurde, und dann ging er auf den Zehenspitzen hinein. Der Sänger, den man den Engel des Verstehens nannte, schaute auf den kleinen Sünder nieder, worauf sich das Englein sogleich unsichtbar zu machen trachtete. Sehr schlau ging es dabei vor; wie eine erschrockene Schildkröte zog es den Kopf in den Kragen seines Gewandes. Da lachte der Sänger – es klang lustig und herzerwärmend – und sagte: »Aha, du bist also derjenige, der den Himmel so unhimmlisch gemacht hat. Komm her, Cherub, und erzähle mir alles!«

Der kleinste Engel wagte einen schüchternen Blick hinter seinem Gewand hervor, erst mit dem einen Auge und dann mit dem andern.

Plötzlich, ehe er sich's versah, saß er auf dem Schoß des verständnisvollen Engels und erklärte, wie schwer es für einen kleinen Jungen war, sich auf einmal in einen Engel verwandelt zu sehen. Ja, was die Erzengel auch sagen mochten, er hatte nur einmal geschaukelt. Je nun, zweimal. Also gut, dann hatte er eben dreimal auf dem Himmelstor geschaukelt. Aber das war ja nur aus Langeweile geschehen!

Das war das ganze Übel. Es gab für einen kleinen Engel nichts zu tun. Und er hatte großes Heimweh. Oh, nicht etwa, daß es im Paradies nicht schön wäre! Aber die Erde war auch schön. Hatte Gott sie nicht selbst erschaffen? Ja, dort gab es Bäume, auf die man klettern konnte, Bäche, in denen man angeln, und Höhlen, wo man Räuber spielen konnte; dort gab es einen Plantschteich, Sonne und Regen, Dunkelheit und Dämmerung und weichen, warmen Sand unter den Füßen!

Der Engel des Verstehens lächelte, und in seinen Augen dämmerte die Erinnerung an einen andern kleinen Jungen auf … das war lange her. Dann fragte er den kleinsten Engel, was ihn im Paradies denn am glücklichsten machen würde.

Das Englein überlegte ein Weilchen und flüsterte ihm ins Ohr: »Die Schachtel. Ich habe sie zu Hause unter meinem Bett gelassen. Könnte ich sie wohl wieder bekommen?«

Der Engel des Verstehens nickte. »Du sollst sie bekommen«, versprach er. Und ein schnellfliegender Bote wurde sogleich abgesandt, die Schachtel ins Paradies zu bringen.

In all den zeitlosen Tagen, die nun folgten, wunderte sich jeder über die große Veränderung des kleinsten Engels; denn von allen Cherubim im Reiche Gottes war er der glücklichste. Sein Benehmen war über jeglichen Tadel erhaben. Er sah geradezu vorbildlich aus. Und auf den Ausflügen zu den paradiesischen Gefilden flog er wie ein Engel, das konnte man wirklich sagen.

Dann geschah es, daß Jesus, der Sohn Gottes, in Bethlehem von Maria geboren werden sollte. Als sich die frohe Kunde im Paradies verbreitete, freuten sich alle Engel und erhoben die Stimme, um das Wunder aller Wunder, die Ankunft des Christuskindes, zu preisen.

Die Engel und Erzengel, die Seraphim und Cherubim, der Torhüter und der Flügelmacher, ja sogar der Heiligenscheinschmied ließen ihre gewöhnliche Arbeit ruhen, um ihre Geschenke für das heilige Kind zu bereiten. Alle, außer dem kleinsten Engel. Er setzte sich auf die goldene Treppe und wartete gespannt auf einen guten Gedanken.

Was konnte er nur dem Sohne Gottes schenken, was eignete sich am besten? Eine Zeitlang träumte er davon, ein zartes Anbetungslied zu komponieren. Aber der kleinste Engel war leider sehr unmusikalisch.

Dann kam ihm der erregende Gedanke, ein Gebet zu verfassen. Ein Gebet, das immerdar in den Herzen der Menschen leben würde; denn es sollte ja das erste Gebet sein, welches das Christuskind hörte. Aber der kleinste Engel hatte leider gar keine Begabung zum Schriftsteller. Was, oh, was konnte ein kleiner Engel schenken, das dem heiligen Kind gefallen würde?

Die Zeit des Wunders stand nahe bevor, als sich der kleinste Engel endlich für seine Gabe entschied. An dem großen Tage holte er sie stolz aus ihrem Versteck hinter einer Wolke hervor und legte sie bescheiden, mit gesenkten Augen vor dem Throne Gottes nieder. Es war nur eine kleine, ungehobelte, unscheinbare Schachtel; doch sie barg alle die wunderbaren Dinge, die sogar ein Kind Gottes schätzen mußte.

Eine kleine, ungehobelte, unscheinbare Schachtel lag zwischen all den andern herrlichen Geschenken der Engel des Paradieses, zwischen Geschenken von solch seltener und strahlender Pracht, von so atemraubender Schönheit, daß der Himmel und das ganze Weltall im Widerschein des Glanzes erstrahlten. Als der kleinste Engel dies sah, erkannte er plötzlich, daß sein Geschenk für Gottes Kind unehrerbietig war, und er hätte seine schäbige Gabe gern zurückgenommen. Sie war häßlich. Sie war wertlos. Könnte er sie nur vor dem Blicke Gottes verbergen, bevor sie bemerkt würde!

Es war jedoch zu spät. Die Hand Gottes bewegte sich langsam über die schimmernde Reihe glänzender Gaben, dann hielt sie inne, dann senkte sie sich, dann ruhte sie auf dem geringen Geschenk des kleinsten Engels.

Der kleinste Engel zitterte, als die Schachtel geöffnet wurde und vor den Augen Gottes und all seiner himmlischen Heerscharen sichtbar ward, was er dem Christkind darbot.

Und was wollte er dem heiligen Kind schenken? Oh, da war ein Schmetterling mit goldenen Flügeln, den er an einem hellen Sommertag in den Bergen über Jerusalem gefangen hatte, und ein himmelblaues Ei aus einem Vogelnest in dem Olivenbaum, der die Küchentür seiner Mutter beschattete. Ja, und zwei weiße Steine von einem schlammigen Flußufer, wo er und seine Freunde wie braune Biber gespielt hatten und auf dem Boden der Schachtel lag ein schlaffer, zerbissener Lederriemen, das Halsband seines mischrassigen Hundes, der gestorben war, wie er gelebt hatte, in unendlicher Liebe und bedingungsloser Treue.

Der kleinste Engel weinte heiße, bittere Tränen, denn jetzt erkannte er, daß sein Geschenk keine Ehrung, sondern eine Gotteslästerung war.

Wie hatte er die Schachtel nur so wundervoll finden können? Wie hatte er nur annehmen können, daß der Gottessohn diese ganz und gar nutzlosen Dinge lieben würde? In verzweifeltem Entsetzen drehte er sich um und lief davon, um sich vor dem göttlichen Zorne des himmlischen Vaters zu verstecken. Aber er stolperte und fiel, und mit einem Schreckensschrei und Heiligenschein-Geklapper rollte er wie ein trauriges Häufchen Elend vor den Thron Gottes.

Es herrschte unheilvolle, furchtbare Stille in der Himmelsstadt, vollständige Stille, die nur von dem herzzerreißenden Schluchzen des kleinsten Engels gebrochen wurde.

Da erklang plötzlich wie Himmelsmusik die Stimme Gottes und tönte durchs Paradies.

Und Gott sprach: »Von allen Gaben der Engel gefällt mir diese kleine Schachtel am besten. Sie enthält Dinge der Erde und der Menschen, und mein Sohn ist geboren, ihr König zu sein. Dies sind Dinge, die auch mein Sohn kennen, lieben und wertschätzen wird, und trauernd wird er sie zurücklassen, wenn seine Aufgabe auf Erden vollendet ist. Ich nehme diese Gabe im Namen des Jesuskindes an, das heute nacht von Maria in Bethlehem geboren wird.«

Es entstand eine atemlose Pause, und dann erstrahlte die ungehobelte, unscheinbare Schachtel des kleinsten Engels in hellem, unirdischem Licht. Das Licht wurde zu einer leuchtenden Flamme, und die Flamme wurde ein strahlender Stern, der die Augen der Engel blendete.

Keiner, außer dem kleinsten Engel, sah den Stern von seinem Platz vor Gottes Thron aufsteigen. Nur er, er ganz allein schaute zu, wie der strahlende Stern in hohem Bogen über das Himmelsgewölbe flog, stehenblieb und sein klares, weißes, lockendes Licht über den armseligen Stall ausgoß, wo ein Kind geboren ward.

Dort leuchtete er in der Wundernacht, und sein Licht strahlte durch die Jahrhunderte tief in die Herzen der Menschen. Doch die irdischen Augen, die auch von dem Glanz geblendet waren, vermochten nicht zu erkennen, daß dies das geringe Geschenk des kleinsten Engels war, und so nannten die Menschen es immerdar

»Leitstern von Bethlehem«

Alexander Jablonowsky

Filka

Keiner wußte genau, wie es dazu kam, daß der Koch Wissili zum Weihnachtsessen den allgemeinen Liebling der Kinder, das kleine Ferkelchen Filka, geschlachtet hatte. Zu seiner Entschuldigung brachte der Koch vor, Filka sei der kleinste Bewohner im Schweinestall gewesen, und der gnädige Herr esse größere Ferkel nicht gern. Doch Njanja (Kinderfrau) behauptete, er habe es aus reiner Bosheit getan.

Der ältere Knabe, Kostja, der schon die erste Gymnasialklasse besuchte, errichtete im Hof gerade einen Schneemann, als er diese Kunde vernahm; vor Schreck fiel ihm die Kohle aus der Hand, die er dem Schneemann als Augen einsetzen wollte. Laut rufend: »Ermordet! Ermordet! ...« lief er ins Kinderzimmer und erzählte den Geschwistern, Filka würde gebraten und mit Buchweizengrütze gefüllt auf dem Weihnachtsmittagstisch stehen.

Im nächsten Augenblick erklang solch ein lautes Weinen, daß Mutter, Njanja und zwei Dienstmädchen herangestürzt kamen. »Das hat er absichtlich getan!« wiederholte Kostja immer wieder, mit seinen von Kohle schwarzen Händen die über die Wangen hinrollenden Tränen wischend. »Er tat es uns zum Tort«, schluchzte auch das kleine Mädchen Musja, das bereits festlich geschmückt war. Der vier Jahre alte Alek weinte still vor sich hin. Mama küßte ihr Jüngstes, strich begütigend dem Töchterchen über die blonden Locken und suchte den »erwachsenen« Kostja zu beschämen. Sie versprach den Kindern eine Spazierfahrt mit der Troika (Dreigespann) und jedem von ihnen ein kleines, neues Ferkelchen. Doch die drei wollten nichts von alledem haben.

Den Erwachsenen war diese Trauer nicht begreiflich; gewiß, es war ein unangenehmes, betrübliches Mißverständnis geschehen, das aber durch zusätzliche Geschenke gutgemacht werden sollte. Die Kinder dachten anders, für sie war es eine unentschuldbare Gemeinheit, ein Verbrechen, dem ihr Liebling, ein schutzloses Geschöpf, zum Opfer gefallen war. Noch unlängst hatte es sich in den Zimmern getummelt, ihnen aus den Händen Zucker gefressen, wobei es so komisch sein Rüsselchen hin und her bewegte. Für sie war Filka ein Familienmitglied, und das Bewußtsein, es liege nun mit Grütze gefüllt in der Pfanne, erweckte in ihren Kinderseelen den Gedanken, es sei tatsächlich ein Mord geschehen. Wegen der Aufregung wurde das Mittagessen verspätet serviert. Mutter und Njanja wuschen die verweinten Gesichtchen und redeten den Kindern zu, bei Tisch ruhig zu bleiben und nicht Papa durch weiteres Klagen zu verärgern. Den dreien gelang es nicht, die trübe Stimmung zu überwinden; sie saßen bei Tisch wie bei einem Leichenmahl, und nur das strenge Antlitz des Vaters bestimmte sie, mit den Löffeln und Gabeln in den Tellern zu rühren, ohne daß sie etwas herunterschlucken gekonnt hätten. Die Frage bedrängte sie: Ist es möglich, daß Filka gleich, auf einer Schüssel liegend, auf den Tisch gestellt wird und die Eltern sich daran machen werden, das arme Tierchen zu essen? Auch die Mutter war aufgeregt, sie hatte ihren Mann gebeten, statt des Ferkels eine Gans braten zu lassen, doch dieser gab zur Antwort: »Kinderlaunen darf nicht nachgegeben werden.« Jetzt, die verweinten Augen seiner Lieblinge betrachtend, tat es ihm leid, nicht nachgegeben zu haben, doch ... da trat das Mädchen mit der Schüssel ins Zimmer. Kunstvoll gegrillt, mit hochstehenden Ohren, mit hochgehobenem Schwänzchen, die Pfötchen untergeschlagen, lag Filka da – seine gebratenen Augen schienen die Gesellschaft zu betrachten. »Herrlich!« rief der Vater und griff nach dem Messer.

Da sprang Musja auf. »Du ... du willst Filka essen? Dann bist du ja ein Menschenfresser!« Das wurde dem Vater zuviel; er konnte den Schmerz der Kinder nicht länger sehen, legte das Messer hin und entfernte sich aus dem Zimmer. Die Schüssel mit Filka blieb unangerührt stehen.

Als die Kinder sich nach einer Stunde etwas beruhigt hatten, fragten sie einander, was mit Filka weiter geschehen würde. »Wenn wir nichts unternehmen«, meinte Kostja, »trägt man die Schüssel in die Küche, und die Angestellten essen Filka auf.« Der Kleine äußerte flüsternd: »Wir müssen Filka begraben.« – »Er ist doch gebraten!« rief Kostja. – »Daran ist er doch nicht schuld«, sagte weinerlich Alek. Das schien die zwei anderen zu überzeugen; sie wußten nur nicht, worin man Filka begräbt. Kostja schlug vor: »Wickle ihn in eine alte Puppendecke.« Musja fand es besser, Mama eine Hutschachtel zu entwenden; dieser Vorschlag wurde angenommen, und es gelang, eine Schachtel zu finden, auf dieser stand die Firma »Madame Alice« verzeichnet. Dann wurde das Programm zur feierlichen Handlung festgestzt:

Musja und Alek hätten vorauszugehen, je eine brennende Kerze tragend, Kostja würde die Schachtel mit Filka auf einem Handschlitten nachziehen. Die Kinder kleideten sich an, bemüht, ja keinen Lärm zu machen, denn Musja hatte den Knaben immer wieder beigebracht, das Ganze müsse ein »Geheimnis für ewig« bleiben; keiner sollte je erfahren, was aus Filka geworden sei. Im Garten herrschte völlige Stille, der neugefallene Schnee deckte die Wege, die Beete und das Dach der Laube, neben der Filka – so war es beschlossen – ruhen sollte. Es blitzte silbern auf Ästen und Zweigen der Bäume.

Kostja mußte nochmals zurück ins Haus, man hatte vergessen, daß man einer Schaufel bedürfe. Er schleppte eine solche heran, die Schösse seines langen Uniformmantels fegten über die Schneefläche ... Eine weiße Lautlosigkeit schien sich über die Erde gesenkt zu haben, die Kerzen brannten in der frostigen Luft, ohne daß ihre Flammen schwankten. Ein tiefes Loch wurde gegraben, die Schachtel hineinversenkt, alle drei warfen Schnee darüber; dann wanderte man heim.

Der tiefe Gram war in den Seelen der Kinder überwunden durch die Feierlichkeit des Geschehenen, und Musja schärfte den beiden nochmals ein: »Vergeßt es ja nicht: Es bleibt unser Geheimnis für ewige Zeiten!«

Heinrich Albertz

Eine andere Weihnachtsgeschichte

Es muß 1951 gewesen sein. Wir hatten ein Haus in einem Vorort von Hannover bezogen. Ein wahrer Glücksfall, sechs Jahre nach der Flucht aus Schlesien nun ein Haus, mit einem großen Garten, eigenen Zimmern für die Kinder, unvorstellbar nach der Enge zuvor. Und es war Weihnachten. Der Morgen des Heiligen Abends, für die Kinder die Stunde größter Ungeduld, für die Frau die Hetze letzter Vorbereitungen auf das große Fest.

Sie mußte noch einmal in die Stadt. Da liegt frierend und mit bettelnden Augen ein völlig verhungerter junger Hund vor der Haustür. Er möchte ins Haus, fressen und trinken. Er wird eingelassen und bekommt, was er will, gierig, völlig verhungert stürzt er sich auf den Freßnapf, umringt von den Kindern. Sie wollen ihn behalten. Aber nun – zu drei Menschenkindern noch ein Hund, und noch dazu dieser, verdreckt, eine Mischung aus Terrier und Pudel – und wem ist er entlaufen? Außerdem muß meine Frau in die Stadt.

So wird er wieder hinausgeführt. Aber er läuft mit, immer hinter der Frau, als gehöre er schon dazu, bis zur Haltestelle. Die Straßenbahn kommt, er will mit einsteigen. Er darf es nicht. Er bleibt zurück, ein Häufchen Elend, frierend und schmutzig.

Meine Frau ist wohl eine kleine Stunde in der Stadt geblieben. Aber als sie – zurück mit den letzten Einkäufen – wieder aussteigt, sieht sie ihn wieder. Er hat diese Stunde gewartet, auf seine letzte Hoffnung: Daß er aufgenommen würde ins Warme und Menschliche. So kommen sie beide zusammen wieder an, jubelnd von den Kindern begrüßt. Der Vater wird gefragt: Ja, am Heiligen Abend müssen wir ihn wohl aufnehmen. Im Stall von Bethlehem ist er immer wieder zu sehen. Er sieht dem kleinen Heimatlosen sehr ähnlich.

So ist er geblieben. Er blieb 14 Jahre. Er war ein treuer Hund. Er zog mit uns nach Berlin und wurde der unbestrittene Herr ganzer Straßen in Lichterfelde. Er zeugte unzählige Kinder. Noch heute sind sie in Enkeln und Urenkeln zu erkennen, schwarzweiß, sehr preußisch. Er kämpfte mit allen Artgenossen, todesmutig. Er wartete Stunden vor den Gartentoren läufiger Hündinnen und fror einmal beinahe im Eise an. Er war Liebling und Held, sehr robust, fast ordinär, aber zuverlässig und uns allen unbeirrbar zugetan. Er starb 1965. Er hieß Fips.

Wäre es nun nicht der Heilige Abend gewesen, damals in Westerfeld, hätten wir ihn je geschenkt bekommen?

Italo Calvino

Die Kinder des Weihnachtsmanns

Es gibt keine Zeit im Jahr, die der Industrie- und Handelswelt freundlicher gesonnen wäre als die Weihnachtszeit und die Wochen vorher. Von den Straßen steigt der tremolierende Klang der Dudelsackpfeifen empor; und die GmbHs, bis gestern mit der nüchternen Berechnung von Umsatz und Dividenden beschäftigt, entdecken auf einmal ihr Herz für die Sympathie und das Lächeln. Die Verwaltungsräte haben jetzt nur noch den einen Gedanken, wie sie ihren Nächsten Freude bereiten können, und so verschicken sie Geschenke und Glückwünsche sowohl an ihre Schwesterfirmen als auch an Privatpersonen; jede Firma fühlt sich verpflichtet, einen großen Vorrat von Produkten einer anderen Firma zu erwerben, um damit wieder andere Firmen zu beschenken, die ihrerseits von einer dritten Firma Berge von Geschenken für die erste Firma gekauft haben; die Fenster der Betriebe sind bis spät in die Nacht hinein erleuchtet, besonders die in den Lagern, wo das Personal Überstunden macht beim Verpacken von Paketen und Kisten; draußen vor den beschlagenen Fenstern, auf den vereisten Bürgersteigen, bewegen sich die Dudelsackpfeifer, von dunklen, geheimnisvollen Bergen herabgestiegen, bleiben an den Kreuzungen im Stadtzentrum stehen, ein wenig geblendet von den allzu vielen Lichtern, den allzu grell geschmückten Schaufenstern, und blasen mit gesenktem Kopf auf ihren Instrumenten; bei diesen Tönen klingen die harten Interessenkämpfe ab und machen einem neuen Wettbewerb Platz: wer auf die netteste Art und Weise das wertvollste und originellste Weihnachtsgeschenk macht.

Bei der Sbav hatte das Public-Relations-Büro in diesem Jahr den Vorschlag gemacht, daß den angesehensten Kunden das Geschenk nach Hause gebracht werden sollte, und zwar von einem Boten, der als Weihnachtsmann verkleidet war.

Der Gedanke stieß auf die einhellige Zustimmung der leitenden Herren. Man kaufte ein komplettes Weihnachtsmannkostüm: weißer Bart, rote, pelzverbrämte Mütze, Mantel und Stiefel. Man probierte, welchem Boten diese Gewandung am besten paßte, aber der eine war zu klein, und der Bart reichte ihm bis zu den Füßen, der andere war zu dick und kam nicht in den Mantel, ein anderer zu jung und wieder ein anderer zu alt, so daß es sich gar nicht verlohnte, ihn erst zu kostümieren.

Während der Personalchef andere potentielle Weihnachtsmänner aus den verschiedenen Abteilungen holen ließ, spannen die leitenden Herren auf einer Direktionssitzung die Idee noch weiter aus: Auf Wunsch der Public-Relations-Büros sollte auch das Weihnachtspaket für die Belegschaft im Rahmen einer Kollektivfeier vom Weihnachtsmann überreicht werden; das Handelsbüro beantragte, daß der Weihnachtsmann auch bei den Geschäften die Runde machen sollte; das Werbebüro war dafür, den Firmennamen klar ersichtlich herauszustellen, etwa derart, daß der Weihnachtsmann vier kleine Luftballons mit den Buchstaben S, B, A, V an einer Schnur mit sich führen sollte.

Alle waren sie erfüllt von der freudigen und herzlichen Atmosphäre, die sich über die festliche und produktive Stadt gelegt hatte; nichts ist schöner, als das Fließen von materiellen Gütern und gleichzeitig von Güte zu spüren, die jeder für den andern übrig hat; und darauf kommt es ja vor allem an, wie uns das Firuli-Firuli der Dudelsäcke ins Gedächtnis ruft.

Im Lager ging das – materielle und geistige – Gut in Form von ein- und auszuladender Ware durch Marcovaldos Hände. Und nicht nur beim Ein- und Ausladen nahm er teil an der allgemeinen Festesstimmung, sondern auch, weil er daran dachte, daß in diesem Labyrinth von Hunderttausenden Paketen eines auch auf ihn wartete, das ganz allein für ihn bestimmt und für ihn vom Public-Relations-Büro vorbereitet war; und noch mehr, weil er sich ausgerechnet hatte, was ihm am Monatsende als dreizehntes Gehalt und für Überstunden zustand. Mit diesem Geld würde auch er in die Geschäfte laufen und kaufen, kaufen, kaufen und dann schenken, schenken, schenken können, wie seine redlichsten Gefühle und das Gemeininteresse von Handel und Geschäft es verlangten.

Der Personalchef kam ins Lager, einen falschen Bart in der Hand: »He, du!« sagte er zu Marcovaldo, »probier mal, wie dir dieser Bart steht. Ausgezeichnet! Du machst den Weihnachtsmann. Komm mit nach oben, beeil dich. Du bekommst eine Sonderprämie, wenn du fünfzig Haushalte pro Tag schaffst.«

Als Weihnachtsmann verkleidet fuhr Marcovaldo auf

dem Sattel seines Motorrad-Lieferwagens durch die Stadt, beladen mit bunt eingewickelten Paketen, die mit hübschen Bändern verziert und mit Misteln und Stechpalmen geschmückt waren. Der Wattebart kitzelte ihn wohl ein bißchen, schützte aber zum andern seinen Hals vor Zugluft.

Die erste Fahrt führte ihn heim, weil er der Versuchung nicht widerstehen konnte, seinen Kindern eine Überraschung zu bereiten. Zuerst werden sie mich gar nicht erkennen, dachte er, ich bin gespannt, wie sie hinterher lachen werden!

Die Kinder spielten auf der Treppe. Sie drehten sich kaum um nach ihm: »Tag, Papa!«

Marcovaldo war schwer enttäuscht. »Aber ... seht ihr denn nicht, wie ich verkleidet bin?«

»Wie denn schon?« antwortete Pietruccio. »Als Weihnachtsmann, oder?«

»Und ihr habt mich gleich erkannt?«

»Als ob da was dazugehörte! Wir haben ja auch Herrn Sigismondo erkannt, und der war besser maskiert als du!«

»Und den Schwager der Portiersfrau!«

»Und den Vater der Zwillinge von gegenüber!«

»Und den Vater von Ernestina, die mit den kurzen Zöpfen!«

»Alle als Weihnachtsmann verkleidet?« fragte Marcovaldo, und die Enttäuschung in seiner Stimme rührte nicht nur von der mißglückten Überraschung seiner Familie, sondern auch daher, daß er spürte, daß hier das Prestige seiner Firma auf dem Spiele stand.

»Natürlich. Genauso wie du«, antworteten die Kinder. »Ein Weihnachtsmann, wie gehabt, mit falschem Bart«, damit drehten sie ihm den Rücken zu und spielten ungerührt weiter. Die Public-Relations-Büros vieler Firmen waren nämlich gleichzeitig auf denselben Einfall gekommen, und sie alle hatten eine Menge Leute eingestellt, meist Arbeitslose, Rentner, Hausierer, um sie mit rotem Mantel und Wattebart herauszustaffieren. Nachdem die Kinder die ersten paar Male ihren Spaß daran gehabt hatten, unter dieser Maskierung Bekannte aus den eigenen Wohnvierteln wiederzuerkennen, hatten sie sich bald daran gewöhnt und beachteten die Weihnachtsmänner nicht mehr.

Es hatte den Anschein, als ob sie ihr Spiel mit großer Leidenschaft betrieben. Sie hockten im Kreis auf dem Treppenabsatz, »Was heckt ihr denn da für eine Verschwörung aus?« fragte Marcovaldo.

»Stör uns nicht, Papa, wir müssen die Geschenke herrichten.«

»Geschenke? Für wen denn?«

»Für irgendein armes Kind. Wir müssen ein armes Kind ausfindig machen und es bescheren.«

»Wer hat euch das gesagt?«

»Das steht im Lesebuch.«

Marcovaldo lag schon auf der Zunge zu sagen: »Ihr seid ja selbst solche armen Kinder!«, doch im Lauf dieser ganzen Woche hatte er sich so sehr eingeredet, Bewohner eines Schlaraffenlandes zu sein, wo jedermann nur kaufte und sich gütlich tat und Geschenke machte, daß es ihm unschicklich erschienen wäre, von Armut zu sprechen, und so zog er vor, zu erklären: »Arme Kinder gibt es keine mehr!«

Da stand Michelino auf und fragte: »Deshalb bringst du uns wohl keine Geschenke, Papa?«

Marcovaldo fühlte, wie sein Herz sich zusammenkrampfte. »Ich mache jetzt Überstunden«, sagte er rasch, »und dann bringe ich euch auch was mit.«

»Womit machst du denn Überstunden?« fragte Filippetto.

»Indem ich Geschenke austrage«, erwiderte Marcovaldo.

»Für uns?«

»Nein, für andere.«

»Warum nicht für uns? Das ginge doch schneller ...«

Marcovaldo versuchte zu erklären: »Weil ich nicht der Weihnachtsmann für ›menschliche Beziehungen‹ bin, sondern einer für ›öffentliche Beziehungen‹. Habt ihr verstanden?«

»Nein.«

»Da kann man halt nichts machen.« Aber da er auf irgendeine Entschuldigung sann, weil er mit leeren Händen gekommen war, fiel ihm ein, daß er Michelino auf seine Geschenktour mitnehmen könnte. »Wenn du brav bist, kannst du mitkommen und zusehen, wie dein Vater den Leuten Geschenke bringt«, sagte er und setzte sich auf den Sattel eines Motorrads mit Lieferwagen.

»Na schön, fahren wir, vielleicht kann ich ein armes Kind auftreiben«, sagte Michelino, sprang hinten aufs Motorrad und klammerte sich an den Schultern seines Vaters fest.

In den Straßen der Stadt begegnete Marcovaldo lauter andern weiß-roten Weihnachtsmännern, die genauso aussahen wie er selbst, drei- oder vierrädrige Lieferwagen fuhren oder den paketbeladenen Kunden die Ladentüren öffneten oder ihnen die Einkäufe bis ans Auto nachtrugen. Und alle diese Weihnachtsmänner sahen sehr konzentriert und dienstbeflissen aus, als seien sie für den reibungslosen Ablauf der ganzen riesigen Festmaschinerie verantwortlich.

Und Marcovaldo, der aufs Haar genauso aussah wie alle

andern, beeilte sich, von einer Adresse zur anderen zu kommen, stieg vom Sattel, sortierte die Pakete in dem kleinen Anhänger, nahm eines davon, übergab es dem, der die Tür öffnete, und sagte langsam und klar: »Die Firma Sbav wünscht frohe Weihnachten und ein glückliches neues Jahr« und bekam sodann sein Trinkgeld.

Dieses Trinkgeld war zuweilen beachtlich, und Marcovaldo hätte wohl zufrieden sein können, aber irgend etwas fehlte ihm noch. Jedesmal, ehe er, von Michelino gefolgt, an einer Tür klingelte, kostete er im voraus die Überraschung dessen aus, der die Tür aufmachen und den Weihnachtsmann in Person vor sich sehen würde; er erwartete Freude, Neugierde, Dankbarkeit. Und allemal wurde er wie der Briefträger empfangen, der die tägliche Zeitung bringt.

Er klingelte an der Tür eines hochherrschaftlichen Hauses. Eine Gouvernante öffnete. »Ach, schon wieder ein Paket. Woher kommt es denn?«

»Die Firma Sbav wünscht ...«

»Schon gut, kommen Sie mit«, und sie ging dem Weihnachtsmann voraus durch eine Diele voller Gobelins, Teppiche, Majoliken. Michelino folgte seinem Vater mit weit aufgerissenen Augen.

Die Gouvernante öffnete eine Glastür. Sie traten in ein riesengroßes Zimmer mit riesenhoher Decke, so groß, daß eine große Tanne darin Platz hatte. Es war ein Weihnachtsbaum, von Glaskugeln in allen Farben glitzernd, und an seinen Zweigen hingen Geschenke und Süßigkeiten aller Art. Oben an der Decke waren schwere Kristallüster angebracht, und die Zweige des Baumes ragten in die funkelnden Gehänge hinein. Auf einem großen Tisch waren Kristallwaren ausgebreitet, Silber, Schachteln mit kandierten Früchten und Kistchen mit Flaschen.

Auf einem Teppich lag lauter Spielzeug herum, so viel wie in einem Spielzeugladen, besonders viele komplizierte elektronische Instrumente und Raumschiffmodelle. Auf dem Teppich lag in einer freien Ecke bäuchlings ein etwa neunjähriger Junge mit mißmutigem, gelangweiltem Gesicht. Er blätterte in einem Bilderbuch, als mache er sich überhaupt nichts aus all den Herrlichkeiten ringsum.

»Gianfranco, was soll das, Gianfranco«, sagte die Gouvernante, »hast du nicht gesehen, daß wieder ein Weihnachtsmann mit einem Geschenk gekommen ist?«

»Dreihundertundzwölf«, seufzte der Junge, ohne den Blick vom Buch zu heben. »Legen Sie's nur hin!«

»Es ist das dreihundertundzwölfte Geschenk, das hier eintrifft«, erklärte die Gouvernante. »Gianfranco ist ja so tüchtig, er führt genau Buch, kein einziges vergißt er, das Zählen ist seine Leidenschaft.«

Marcovaldo und Michelino verließen auf Zehenspitzen das Haus.

»Papa, ist das ein armer Junge?« fragte Michelino.

Marcovaldo war damit beschäftigt, die Ladung des kleinen Lieferwagens zu ordnen, und antwortete nicht gleich. Aber einen Augenblick später widersprach er eilig: »Arm? Was sagst du da? Weißt du, wer sein Vater ist? Der Präsident der Industriegemeinschaft zur Förderung des Weihnachtsverkaufs! Der Herr Commendatore höchstselbst ...«

Er stockte, denn Michelino war auf einmal nicht mehr zu sehen. »Michelino! Michelino! Wo bist du denn?« Er war verschwunden.

»Wahrscheinlich hat er einen andern Weihnachtsmann mit mir verwechselt und ist ihm nachgelaufen ...« Marcovaldo setzte seine Tour fort, aber er war doch ein bißchen besorgt und konnte kaum erwarten, wieder nach Hause zu kommen. Daheim fand er Michelino mit seinen Geschwistern zusammen ganz brav wieder.

»Sag mal, warum warst du eigentlich auf einmal verschwunden?«

»Ich bin nach Haus, die Geschenke holen gegangen ... Ja, die Geschenke für den armen Jungen ...«

»Was sagst du da? Für wen?«

»Für den Jungen, der so traurig aussah ... in der Villa mit dem großen Weihnachtsbaum ...«

»Für den? Was konntest du dem schon für Geschenke machen?«

»Na, wir hatten sie auch hübsch hergerichtet ... drei Geschenke, in Silberpapier gewickelt.«

Nun mischten sich auch die Geschwister ein: »Wir haben sie alle zusammen hingebracht! Wenn du gesehen hättest, wie der sich gefreut hat!«

»Ach was!« brummte Marcovaldo. »Dem haben eure Geschenke gerade noch gefehlt!«

»Allerdings, gerade die unseren ... er ist gleich angelaufen gekommen, hat das Papier aufgerissen und nachgesehen, was drin ist ...«

»Und was war drin?«

»Das erste Geschenk war ein Hammer: der große, runde Holzhammer ...«

»Und was hat er dazu gesagt?«

»Er ist vor Freude in die Luft gesprungen! Er hat ihn auch gleich ausprobiert!«

»Wozu denn?«

»Er hat sein ganzes Spielzeug kurz und klein geschlagen! Und das ganze Kristall dazu! Dann hat er das zweite Geschenk ausprobiert ...«

»Was war denn das?«

»Eine Steinschleuder. Du hättest ihn sehen sollen, wieviel Spaß sie ihm gemacht hat … Alle Glaskugeln am Weihnachtsbaum hat er damit kaputtgeschossen. Dann hat er auf den Lüster gezielt …«

»Hört auf, hört auf, ich will nichts mehr hören! Und … das dritte Geschenk?«

»Wir hatten nichts mehr zum Herschenken, da haben wir einfach eine Schachtel Streichhölzer in Silberpapier gewickelt. Und das war das Geschenk, worüber er sich am meisten gefreut hat. Er hat gesagt: ›Ich darf Streichhölzer überhaupt niemals anfassen!‹ Und dann hat er sie angezündet, und …«

»Und …?«

»… alles damit in Brand gesteckt!«

Marcovaldo raufte sich die Haare. »Ich bin ruiniert.«

Als er am nächsten Morgen in die Firma kam, spürte er, daß ein Gewitter sich zusammenbraute. Er zog sich in aller Eile wieder als Weihnachtsmann an, belud den kleinen Lieferwagen mit den Paketen, die er zu überbringen hatte, wunderte sich, daß ihn bisher noch niemand angesprochen hatte, dann aber sah er gleich drei Abteilungsleiter auf sich zukommen, nämlich den vom Public-Relations-Büro, den von der Werbung und den vom Handel.

»Halt!« sagten sie zu ihm. »Alles wieder ausladen, auf der Stelle!«

Da haben wir die Bescherung, dachte Marcovaldo und glaubte sich bereits entlassen.

»Rasch! Die Pakete müssen ausgetauscht werden!« sagten die Abteilungsleiter. »Die Industrievereinigung zur Förderung der Weihnachtsverkäufe hat eine Kampagne gestartet für das destruktive Geschenk!«

»Und so plötzlich …«, meinte einer von ihnen. »Das hätten sie sich auch wirklich eher einfallen lassen können …«

»Es war eine ganz unvorhergesehene Entdeckung des Präsidenten«, erklärte ein anderer. »Anscheinend hat sein kleiner Sohn ganz supermoderne Geschenkartikel bekommen, japanische, glaube ich, und dabei machte man die Beobachtung, daß er sich zum erstenmal wirklich amüsierte ...«

»Und was noch wichtiger ist«, fügte der dritte hinzu, »diese destruktiven Geschenke dienen dazu, Artikel jeder Art zu zerstören: genau das, was wir brauchen, um den Konsum zu beschleunigen und den Markt neu zu beleben ... Alles in kürzester Zeit und in Reichweite eines Kindes ... Der Präsident der Vereinigung hat neue Horizonte gesehen und schwebt im siebenten Himmel der Begeisterung ...«

»Aber«, wagte Marcovaldo ganz schüchtern zu fragen, »hat dieser Junge denn so viel Schaden angerichtet?«

»Jede auch nur annähernde Kalkulation ist natürlich schwierig, da das Haus abgebrannt ist ...«

Marcovaldo kehrte auf die Straße zurück, die so hell erleuchtet war, als sei bereits Nacht, die belebt war von Müttern und Kindern und Onkeln und Großeltern und Paketen und Ballons und Schaukelpferden und Weihnachtsbäumen und Weihnachtsmännern und Hühnern und Puten und Stollen und Flaschen und Dudelsackpfeifern und Schornsteinfegern und Maronenverkäuferinnen, die ganze Pfannen voll Kastanien auf dem brennenden schwarzen Öfchen in die Höhe springen ließen.

Und die Stadt wirkte kleiner, eingeschlossen in ein leuchtendes Gefäß, begraben im dunklen Herzen eines Waldes, zwischen den hundertjährigen Stämmen der Kastanienbäume, unter einer unendlichen Schneedecke. Irgendwoher aus dem Dunkel hörte man das Heulen eines Wolfs; die Häschen hatten eine im Schnee vergrabene

Höhle, im warmen roten Erdreich unter einer Schicht von Kastanien.

Ein weißes Häschen kam herausgelaufen, wackelte mit den Ohren, lief dahin unter dem Mond, aber es war weiß, und man sah es nicht, so als ob es nicht da wäre. Nur seine Pfötchen hinterließen einen leichten Abdruck auf dem Schnee, wie die Blättchen eines Kleeblatts. Auch den Wolf sah man nicht, weil er schwarz war und in der schwarzen Finsternis des Waldes stand. Nur wenn er das Maul öffnete, sah man die spitzen weißen Zähne.

Es gab eine Linie, an der der ganz schwarze Wald aufhörte und der ganz weiße Schnee begann. Das Häschen lief hierhin und der Wolf dahin.

Der Wolf sah die Spuren des Häschens im Schnee und folgte ihnen, blieb aber immer im Dunkeln, um nicht gesehen zu werden. Dort, wo die Spuren aufhörten, mußte das Häschen sein, und der Wolf trat aus der Schwärze hervor, sperrte den roten Rachen auf, ließ die spitzen Zähne sehen und schnappte nach dem Wind.

Das Häschen war ein bißchen weiter weg, unsichtbar; es kratzte sich mit der Pfote am Ohr und sprang hakenschlagend davon.

Ist es da? Ist es dort? Ist es ein bißchen weiter weg?

Man sah einzig und allein die Schneefläche, so weiß wie diese Seite.

Herman Bang

Das Puppenkaufhaus

Es hilft nichts, die Weihnachtszeit ist eine teure Zeit! Am ersten Dezember sagt Vater beim Mittagessen: »Ich kann's euch genausogut gleich sagen, Kinder, dieses Jahr müssen wir auf Weihnachten verzichten, ich habe kein Geld dafür.« Und Mutter sieht bekümmert drein, nickt aber trotzdem und wiederholt mit großer Bestimmtheit: »Ja, dieses Jahr müssen wir auf Weihnachten verzichten.« Die Tage vergehen, der Weihnachtsabend rückt näher. »Aber ich habe dir doch gesagt, und du warst doch auch meiner Meinung, daß ...« Jetzt spricht der Vater. Die Kinder sind im Bett, und er sitzt mit Mutter auf dem kleinen Ecksofa vor der großen Palme und hinter Mutters Nähtisch. »Ja, Adolf, *wir* feiern nicht«, sagte die Mutter dann, »aber Weihnachten ist nun mal das Fest der Kinder, und es wird so schmerzlich für sie ein, wenn wir überhaupt nichts machen.« – »Ja, aber ...« – »Nicht wahr, wir wollen lieber ein bißchen bei uns selber sparen! Wenn sie ganz und gar auf das Weihnachtsfest verzichten müssen, dann sind sie fassungslos; sie verstehen es doch nicht.« – Dann müssen sie's eben verstehen lernen.« – »Nein, Adolf, das wäre ein Jammer, laß sie doch noch Kinder bleiben. Alt werden sie wahrhaftig früh genug.« Die Mutter geht in der Stube hin und her und legt weiße Tücher auf die feinen Kissen, stellt die Blumen auf den Teppich und deckt die Hyazinthen mit weißen Papiertüten zu. »Wollen wir dann zu Bett?« fragt sie und nimmt die Lampe. Sie gehen durch das Eßzimmer, wo der Tisch für den nächsten Morgen gedeckt ist, und öffnen vorsichtig und ganz leise die Tür zur Kammer der Kinder.

Die Mutter bleibt mit der Lampe vor einem Kinderbett stehen. Julie hat sich zu einem Bündel zusammengerollt, die Knie an die Brust gezogen und den Kopf ganz und gar in die Wolldecke und ins Laken gewickelt. Sie hat im Dunkeln entsetzliche Angst und wickelt sich immer so ein, damit die Gespenster sie nicht finden – diese schrecklichen Gespenster, von denen Kirsten erzählt, wenn Vater und Mutter ausgegangen sind und sie abends bei ihnen im Eßzimmer sitzt. Da gibt es die weiße Dame, die Kirsten selbst gesehen hat, damals, als sie beim Grafen diente, und den schwarzen Ritter und die Katze mit den glühenden Augen und das Totenpferd, das blendend weiß ist und wiehert, wenn es Leichen wittert …

Valborg hat die Hände gefaltet und den Kopf ein wenig zur Seite gedreht. So, wie sie sich hingelegt hat, ist sie eingeschlafen. Die Fibel hat sie unter das Kopfkissen gesteckt: sie kann sich das große R nicht merken und hat es die ganze Zeit »das andere B« genannt – aber jetzt schläft sie darauf. Und morgen früh hat Ole Lukøje seinen Schirm aufgespannt und ihr ein wunderschönes Märchen vom großen R erzählt. Dann vergißt sie es niemals wieder …

Klein-Thomas hat sich herumgewälzt, sein Mund steht offen, und seine Hände haben das Laken zerknittert. Manchmal atmet er ganz tief, als ob er seufzt. »Ob so ein Knirps wohl träumt?« fragt Vater leise. – Mutter streicht die Decke glatt und zieht das Kopfkissen zurecht. »Wie ruhig sie schlafen!« – »Ja, die Kindheit ist eine glückliche Zeit!« Sie gehen so leise, wie sie gekommen sind, und bald ist es in der Kammer der Kinder ganz still. In der Dunkelheit aber lauern und gaukeln Ole Lukøjes Märchen.

Ja, der Vater hatte recht, die Kindheit ist eine glückliche Zeit, wenn auch vielleicht auf eine etwas andere Weise, als die meisten Erwachsenen glauben. Die Erinnerung verschönt alles und verwischt die Nuancen, hebt etwas hervor und deckt über vieles einen Schleier. So wird unsere Kindheit im hellen Schein der Erinnerung ein Paradies ohne Schlange, ein stilles, friedliches Idyll, wo sich die Seele, kaum erwacht, von den zärtlichen Liedern der Mutter einlullen ließ. Dieses Bild aber, das die Zeit allmählich von unserer ersten Kindheit schafft, ist sehr oft nicht richtig.

Die Kindheit ist die Ouvertüre unseres Lebens, und wie man in der Ouvertüre einer Oper, rasch, in wechselnden Tönen, den Inhalt des gesamten Werkes zumindest ahnt, so ist auch unsere Kindheit – wenn ich so sagen darf – ein Vorgeschmack aufs ganze Leben. Glauben Sie nicht? Sind wir denn nicht verliebt und ehrgeizig, habgierig und neidisch, indigniert und verbittert gewesen? Oder wissen Sie nicht mehr, wie Sie sich in der Tanzstunde mit Holger, der zwei Jahre älter war, um die kleine Tochter des Justizrats geprügelt haben, die Ihnen einen doppelten Perlenring auf den kleinen Finger gesteckt und sich trotzdem von Holger hatte küssen lassen? Und haben Sie wirklich jene Knüffe vergessen, die Sie dem kleinen Knud Petersen heimlich verabfolgten, wenn er von der Lehrerin Kuchen bekommen hatte, weil er mit vier Buchstaben buchstabieren konnte – und daß Sie ihm in der Pause »kriechender Bücherwurm« nachriefen? Wie Sie die Faust unter dem Tisch ballten, wenn der Rechenlehrer mit seinem Stock schlug, und wie oft Sie den roten, sommersprossigen Rolf beneidet haben, der immer Ei auf seinem Butterbrot hatte? Nein, die Kindheit ist nicht mehr und nicht weniger als unser Leben *en miniature*, und ihre Enttäuschungen sind ebenso bitter, ihre Tränen ebenso salzig wie in jenem Leben, zu dem sie die Ouvertüre ist. Doch die Tafel der Seele, auf welcher die schwindenden Stunden ihre wechselnde Schrift hinterlassen, ist in der Kindheit – und das ist der Unterschied – weicher als später. Was die eine Stunde geschrieben hat, ist in der nächsten vergessen und ausgelöscht. Darum folgen im Gemüt des Kindes Lachen und Weinen so schnell aufeinander, und oft kann das Kind seine Tränen unter Gelächter trocknen. Und das eben ist das Glück der Kindheit.

Und außerdem wird sie häufig von lieben Händen geleitet und von lieben Augen bewacht. Die meisten Kinder haben ja doch Eltern, die auch in bedrückenden Zeiten gern Opfer bringen, um das »Fest der Kinder« zu feiern, und für die Weihnachten »die teure Zeit« ist, weil sie ihre Kinder lieben.

Die Zeiten sind schlecht. Man sagt, wir hätten eine reichliche Durchschnittsernte gehabt, und im Spätsommer habe ich mit viel Freude die große Bilanz des »Dagbladet« und Professor Scharlings tröstende Betrachtungen gelesen; man erzählt, es sei zum Zahltag auf dem »Markt« Geld genug vorhanden. Auf dem Weihnachtsmarkt – eigentlich der einzige Markt, von dem ich recht etwas verstehe – ist es wahrhaftig knapp, da sind nur geringe Kapitalien im Umlauf, und das stimmt mich gegenüber der Durchschnittsernte und dem nationalökonomischen Professor ein wenig skeptisch, ist doch der Umsatz der Geschäfte in der Østergade an den letzten Tagen vor dem Weihnachtsfest möglicherweise der allerbeste Maßstab für den augenblicklichen Status in der Geldbörse der Käufer. Und, wie gesagt, wenn die Händler klagen, dann tun sie das sicher mit gutem Grund. Man sieht es an vielen Dingen. In erster Linie glänzt man mit Kleinigkeiten; nette, billige Dinge – das ist die Losung überall, und selbst die großen Läden, in denen vor fünf-sechs Jahren Luxusartikel prangten, die Werte repräsentierten, versuchen ihr Geschäft jetzt mit munteren, graziösen Kleinigkeiten zu machen, die man für einen Spottpreis kaufen kann und die, als Geschenk betrachtet, den guten Willen zeigen, ohne irgendeinen Wert zu haben.

Die Herrschaft der »Nippes« überall und in allen Läden ist der deutlichste Beweis für den pekuniären Druck, der auf dem größten Teil der Kundschaft lastet.

Nur in den Geschäften für Kinder ist man noch immer reichlich versehen. Wie gesagt, in diesen schlechten Zeiten ist Weihnachten fast noch mehr als früher das Fest der Kinder. Die Erwachsenen können verzichten und sparen; die Kinder müssen ihr Weihnachtsfest haben, für sie *muß* der Weihnachtsbaum angezündet werden, und Thomas muß eine Trommel haben, Valborg eine Puppenstube und Julie eine wunderschöne Puppe »zum An- und Ausziehen«. Deshalb merkt man in den Geschäften für Kinder den lastenden Druck der Zeiten am wenigsten. All die großen Spielzeugläden mit dem bunten Inhalt ihrer breiten Regale, mit ihren Stapeln von Zinnsoldaten in den Uniformen der ganzen Welt; da gibt es Häuser zum Aufstellen und Bäume aus Hobelspänen; Weiblein aus Holz mit einem Strich als Nase; große Festungen mit Kanonen aus Blei und Mitrailleusen, die mit Erbsen schießen können; Hampelmänner aus Pappe und Hampelmänner ganz aus Holz; Drachen mit langen Schwänzen und Schlangen und eklige Nattern, die aus einem Federkästchen schlüpfen; große Trommeln und Tschakos mit preußischen Adlern und mit den dänischen Farben; mechanische Mäuse, die man mit einem Schlüssel aufziehen kann und die über den Tisch schnurren; Eisenbahnzüge, die eine Böschung hinunterfahren und deren kleine Passagiere aus Pappe, die in den Wagen sitzen, so unglücklich aussehen, als führen sie mit einem Zug des kaiserlichen Hofes in Rußland; französisches Spielzeug, produziert in Nürnberg, und Nürnberger Sachen, hergestellt in der Adelsgade; Leierkästen, die drei Melodien spielen können, jedoch nach der ersten kaputtgehen; Seiltänzer, die auf einem Stahldraht balancieren und sich niemals den Hals brechen; Kunstreiter, die auf Pferden jagen, welche trotz der Peitsche niemals von der Stelle kommen; Puppentheater mit prachtvollen Dekorationen, die »nicht nur zum Spaß« sind und wo man ungehindert »Nein« und »Familie Riquebourg« spielen darf; Stöße von herrlichen Bildern, Soldaten und Puppen zum Ausschneiden, gemalt von einem zweiten Signor Carlo, der in vierzig Minuten bequem Dantes gesamtes Himmelreich illustrieren und seine gesamte Hölle mit schrecklichen Figuren bevölkern kann ... Doch, es gibt viele Dinge in so einem Spielzeugladen!

Und in Frau Knudsens Puppenkaufhaus! Kennen Sie dieses Kaufhaus? Am Anfang der Østergade, gleich am Kongens Nytorv im ersten Stock. Dieses Kaufhaus ist eine ganze kleine Welt und, ebenso wie die biblische Welt, ursprünglich aus nichts – oder fast nichts – geschaffen.

Vor sechs Jahren eröffnete Frau Knudsen zur Weihnachtszeit ein Geschäft mit sechs – sage und schreibe: sechs – geputzten Puppen am Lager. Und davon verkaufte sie zwei! Jetzt werden in ihrem Geschäft das ganze Jahr über im Durchschnitt zwanzig Puppen pro Tag verkauft, und sie beschäftigt von morgens bis abends, tagaus, tag-

ein, sechs bis acht fest angestellte Näherinnen, dazu noch zahlreiche andere, die ringsum in der Stadt bei sich zu Hause unermüdlich fleißig sind, um diesen großen Puppenausstatter zu versorgen, der das »Magasin de Louvre« der Puppen ist. Eine Puppe, die im Augenblick fast so nackt ist wie Eva in ihren ersten Lebenstagen – ich sage *fast*, denn wenn ich ehrlich sein soll, habe ich eine Ahnung, daß alle Puppen mit jenem unaussprechlichen Bekleidungsstück geboren werden, das die Franzosen Chemise nennen –, kann innerhalb einer Stunde komplett und elegant ausgestattet sein und außer der Kleidung, die sie trägt, noch einen Koffer voll der herrlichsten Toiletten bekommen, die in jedem beliebigen Trouville der Puppen oder gar im Paris der Puppen Aufsehen erregen würden.

Frau Knudsen ist der »Worth« der dänischen Puppen.

Bei ihr wird nicht auf gut Glück genäht, es wird genau Maß genommen, und Klein-Ingeborgs Puppe muß für ihr Ballkleid ebensooft zur Anprobe kommen wie Ingeborg selbst. Aber, wie sich versteht, ist jene Zeit auch längst vorbei, da die Körper der Puppen viereckig wie eine Schachtel waren – jetzt haben sie Taille, und die richtig feinen Damen – jene »von Geburt«, wie man sagen könnte – haben in ihrem Inneren ein richtiges Gestell aus Eisen und dickem Stahldraht, wie ein Skelett, und darum ist Roßhaar gewickelt, das formt die Figur. Eine solche Dame braucht wahrhaftig ein Mieder, manchmal auch eine Turnüre, die jetzt übrigens auch in der großen Welt wieder modern werden soll ... Dann probiert die Puppe Stiefel an. Die sind in dreizehn Größen und in allen Nuancen vorhanden, von Hausschuhen, kokett wie die Pantoffeln einer frischverheirateten Frau, bis zu Promenadenstiefeln mit durchbrochenen Riemen und Absätzen wie die der Madame Pompadour. Wie lange ist es her, daß es Puppen aus einem Holzstöckchen gab, an dem ein Kopf befestigt war, genäht aus alten Lumpen, mit Tintenklecksen als Augen und einem Strich als Nase! Es ist so lange her, daß man es fast vergessen hat, und wenn Mutter davon erzählt, lacht Ingeborg und sagt ungezogen zu Thora, Mamas widerliche Puppen seien bestimmt aus dem »Keller« gewesen. Denn Ingeborg verachtet den Keller, warum, weiß ich nicht. Vielleicht hat sie gehört, daß der Vater am Mttagstisch irgendein unbedachtes Wort über den armen Schuster im Keller gesagt hat, dessen Frau so viel zu tun hat, daß sie die Kinder nicht immer sauberhalten kann, vor allem wenn sie im Sand wühlen und mit ihrem Fingerhut Kuchen backen, was nun mal ihr Vergnügen ist. Eines Tages, nachdem der Vater ihnen im Tor begegnet war, da hat er vielleicht etwas von dreckigen Gören gesagt ..., und das hat sich Ingeborg gemerkt. Kinder hören alles und merken sich vieles. Wir vergessen das allzuoft.

Aber wir wollen zu Frau Knudsen und ihren Puppen zurückkehren. Ihr Puppenheim ist mit allem versehen und kann alle Altersstufen von innen bis außen ausstatten. Frau Knudsen ist Realistin, und nachdem ich gesehen habe, was die jüngsten Damen der Gegenwart von ihren Puppen verlangen, bin ich restlos überzeugt – vom endgültigen Sieg des Realismus. Das ist kein Scherz, sondern mein voller Ernst. Für die ganz Kleinen gibt es Nuckelflaschen – in verschiedenen Nuancen – und Windeln und Halter und Nabelbinden. Verzeihen Sie, daß ich derart ins Detail gehe, aber wenn es vernünftig ist, unsere sechsjährigen Damen über die Nützlichkeit der Nabelbinde für Neugeborene zu unterrichten, dann wird es wohl kaum anstößig sein, dieses Wort hier zu erwähnen, denn hier lesen es zumindest nur solche Kinder, die so alt sind, daß sie buchstabieren können. – Da gibt es Fächer in prachtvoller Auswahl, Lorgnetten, Notizbücher und Agenden; Bürsten in allen Größen und eine Fülle von Schildpattkämmen. In einer Ecke fand ich einen Ondulierstab. Wahrhaftig, diese Puppen machen Toilette …

Die Puppe steht auf, jenes Rosenlager, das die schöne Göttin verläßt, ist eine eiserne Bettstelle mit Federmatratze; sie wird mit einem hübschen Morgenmantel aus hellblauem Kaschmir mit weißen Spitzenvolants umhüllt und setzt sich auf ihre himmelblaue Chaiselongue, um auf das Bad zu warten. Nach dem warmen Bad begibt sie sich an ihre Frisiertoilette und wählt ihr Haar für den Tag. Frau Knudsen ist auch Perückenmacherin und besitzt ein großes und reichhaltiges Lager der herrlichsten Perücken. Wir nehmen an, sie wählt Blond, das ist die Modefarbe der Puppen! Man zieht sie für die Promenade an, sie schnürt sich in ein französisches Federkorsett, in dem sie kaum Luft bekommt; sie legt sich den Frisierumhang um, einen gestickten Umhang mit ihren Initialen und einer Krone, nach französischer Art, dann beginnt der Akt des Schminkens: man hat Theaterschminke und Stifte für Wimpern und Augenbrauen. Da behauptet man immer so bestimmt, unsere jungen Damen wüßten nichts von Schminke, was ich natürlich nicht zu bezweifeln wage, vor allem, weil »sich schminken« so häßlich klingt, daß man das Wort nur sehr behutsam verwenden sollte – »sich ein bißchen pudern« ist ein schöner Euphemismus, der wohl fast dasselbe sagt. Doch wenn sich nun unsere Damen also nicht schminken, wer hat dann unseren kleinen Kindern das Schminken ihrer Puppen beigebracht? Mag diese Frage indessen offenbleiben! Ich fürchte nur, daß das Beispiel der Puppen am Ende ihre Besitzerinnen anstecken könnte und unsere kleinen Damen von ihren Puppen lernen.

Dann holt die Puppe ein dunkles Seidenkleid hervor und vollendet ihre elegante Toilette. Sie frühstückt und wartet auf Besuche. Heute ist ihr Empfangstag, und bald ist die ganze Stube voll von rauschenden Seidenroben. Die gnädige Frau, die mit einer Miniaturausgabe der »Revue des deux mondes« in der Hand im Schaukelstuhl gelegen hat, erhebt sich eilig, um ihre Gäste zu empfangen.

Dann verabschiedet man sich. Die Puppe zieht ein rosarotes Atlaskleid an und schmückt ihr Haar mit Rosenknospen – eine neue Perücke »à l'enfant«. Sie ist zu einem Diner mit Tanz eingeladen.

Und so vergeht für Frau Knudsens Pariser Puppen der Tag, wohlgemerkt, wenn sie nicht krank sind. Aber auch für die Krankheiten ihrer schönen Klientinnen weiß Frau Knudsen Rat. Sie ist die erste praktizierende Ärztin. Sie

kuriert alle Leiden, wechselt gebrochene Beine und zerschlagene Köpfe aus, setzt neue Augen ein und hilft bei Bleichsucht mit roter Theaterschminke. Nur Zähne kann sie noch nicht einsetzen. Die Puppen haben keinen Zahnarzt, dieser moderne Büttel existiert nicht in der Puppenrepublik. »Aber das kommt noch«, sagte mir Frau Knudsen. »Vor sechs Jahren habe ich für mein Puppengeschäft einmal zwölf Paar Stiefel gekauft, um ein bißchen Rabatt zu bekommen. Als ich damit nach Hause kam, wurde ich ausgelacht. Was ich wohl mit zwölf Paar Stiefeln wollte – die reichten ja für ein ganzes Jahr. Und jetzt habe ich hier und in meinem Lager Tausende von Paaren an Schuhwerk!« Und sie zieht einige riesige Kästen heraus: ein ganzer Ozean von verschiedenfarbigen Stiefeln zu fünfundzwanzig oder fünfzig Øre das Paar.

Und welche Unmenge von fertigen Puppenkleidern, das Stück eine Krone. Wenn du morgen deine Puppe bringst, dann bekommst du sie übermorgen mit neuen Kleidern zurück, die extra für sie genäht sind. Junge Mädchen und Witwen, ältere und jüngere, haben ringsum in der Stadt alle Hände voll zu tun, um die Puppen auszustatten. Die eine näht ein Stück, die zweite ein anderes. Auch in der Puppenschneiderei sind die Näherinnen jetzt spezialisiert, und wer Unterröcke näht, wird sich nie gleichzeitig mit der Herstellung von Kleidern beschäftigen …

Drei-vier Jahre lang hat die Witwe eines armen Invaliden dem Kaufhaus jeden Abend vier Dutzend Puppenhöschen gebracht und sich auf diese Art etwas zu ihrem Lebensunterhalt verdient. Und all die gestrickten Dinge, die Glocken und Hüte, Theaterroben und Überwürfe, kleinen Schärpen und roten Kittel für Zwerge, all das ist in Heimarbeit hergestellt, eine richtige kleine Industrie, hinzu kommt die Bemalung von Porzellan und Terrakotta, das Nähen von Handschuhen und das Besticken von Leinen. Und es gehören viele Hände und Gedanken dazu, um diese Unendlichkeit von Dingen zu erfinden und anzufertigen. Denn, wie gesagt, es gibt alles.

Auch Puppenstuben mit mechanisch spielendem Klavier, Teppichen auf dem Fußboden und Kaminuhr, Zeitungsständer mit richtigen Miniaturzeitungen, von denen behauptet wird, daß sie fast mit derselben Sachkenntnis über alle möglichen Dinge reden wie der Seminarist auf Lolland-Falster über Goncourt und Zola; Etageren mit kostbaren Nippes und Schalen voller Goldfische, die ein kleines bißchen weniger als gewöhnliche Goldfische gequält werden; ein Bücherschrank, der genauso häufig wie in der richtigen Welt lediglich ein Büchergefängnis ist; mitten im Zimmer ein Couchtisch mit einer Decke und einer ganzen Reihe von Prachtwerken, die sich zwar nicht öffnen lassen, ansonsten aber denselben Nutzen tun wie die meisten der Bücher, die auf den Tischen der wirklichen Stuben herumliegen: sie sind schön eingebunden. Kurz gesagt: Puppenstuben, die genauso wie die Puppen selbst eine Welt in wahrheitsgetreuer Verkleinerung darstellen – die Welt in einem Spiegel, der verkleinert, jedoch kaum verschönert.

Es tat mir fast ein wenig leid, daß unsere zehnjährigen Kinder schon so viel vom Leben kennenlernen sollen, wie Frau Knudsens Puppenkaufhaus ihnen zeigt – oder, wie hier deutlich wird, bereits kennen. Denn hier beruht das Ganze auf Wechselwirkung.

Ich fragte so *en passant*, ob denn die Kinder mit diesen Puppen auch spielen könnten.

»Ob sie damit spielen können? Ja, aber gewiß. Das Unglück für mein Kaufhaus ist nur, daß die Kinder heutzutage mit den Puppen so schnell fertig sind.«

Ich mußte der gnädigen Frau in ihrer Klage recht geben, auf dem Heimweg fiel mir jedoch ein, daß ein Puppenetablissement wie jenes in der Østergade zu einer Zeit, da man mit Puppen spielte, bis man sechzehn war, freilich gar nicht erst entstanden wäre.

Man kann in einem Puppenkaufhaus auch zum Philosophen werden …

Und dann kommt Weihnachten, und wieder ist es eine teure Zeit geworden, und Vaters Geldbörse wurde beträchtlich erleichtert. Man ist mit der Weihnachtsgans fertig: Thomas hat nur Füllung gegessen, zwei Backpflaumen und ein paar Äpfel, Valborg hat die ganze Zeit derart auf ihrem Stuhl herumgezappelt, daß Vater beinahe böse geworden wäre; Julie, hochrot im Gesicht, hat mit der Hand gezittert. Jetzt sitzen alle drei in der Wohnstube, in der Ecke neben der Palme, und reiten auf Vaters Knien, und Vater erzählt von dem Kind, das in Bethlehems Krippe gelegen hat. Und Mutter ist im Kabinett und zündet die Lichter an …

»Das war das Jesuskind, und es wurde geboren, um uns alle zu erlösen«, sagt Vater.

»Warum?« fragt Klein-Thomas …

Da öffnet Mutter die Tür, und im Kabinett erstrahlt der Weihnachtsbaum.

(Dezember 1879)

Umberto Eco

Brief an meinen dreijährigen Sohn

Lieber Stefano,

Weihnachten naht, bald wimmeln die Kaufhäuser wieder von aufgeregten Vätern, die das Schauspiel der jährlichen Großzügigkeit aufführen – nachdem sie mit scheinheiliger Freude auf diesen Moment gewartet haben, die ihnen erlaubt, sich unter dem Deckmantel der Beglückung ihrer Kinder die heißersehnten elektrischen Eisenbahnen, Puppentheater, Tischfußball- und Heimpingpongspiele zu kaufen. Ich werde nur zuschauen, denn dieses Jahr bin ich noch nicht an der Reihe, du bist noch zu klein, und für das Anthroposophen-Spielzeug kann ich mich nicht erwärmen, vielleicht weil ich keine Lust verspüre, es mir in den Mund zu stecken, auch wenn mir die Beischrift versichert, daß man es nicht verschlucken kann. Nein, ich muß noch zwei, drei, vielleicht auch vier Jahre warten. Dann bin ich an der Reihe, dann ist die Phase der mütterlichen Erziehung vorbei, dann endet die Zeit der Teddybären, und es kommt der Tag, da ich beginnen werde, mit der sanften und sakrosankten Gewalt meiner *patria potestas* dein soziales und staatsbürgerliches Bewußtsein zu formen. Und dann, lieber Stefano …

Dann schenke ich dir Gewehre. Doppelläufige. Mit Repetiermechanik. Schnellfeuer- und Maschinengewehre. Kanonen. Bazookas. Säbel. Kriegsstarke Heere von Bleisoldaten. Burgen mit Zugbrücken. Festungen zum Belagern, Kasematten, Pulvertürme, Panzerkreuzer, Düsenjäger. MPs, Dolche, Trommelrevolver. Colts, Rifles, Winchesterbüchsen, Chassepot-, Garand- und Mausergewehre, Mörser, Musketen, Haubitzen, Bombarden, Feldschlangen, Arkebusen, Ballisten, Armbrüste, Katapulte, Schwerter, Speere, Lanzen, Piken, Hellebarden und Enterhaken. Und Achtpfünder wie die von Captain Flint (in memoriam Long John Silver und Ben Gun). Und Rapiere, wie sie Don Barrejo gefielen, Toledo-Klingen wie jene, mit denen man den berühmten Drei-Pistolen-Coup machte, um den Marquis von Montélimar niederzustrecken, oder den Neapolitanerstich, mit dem der Baron de Sigognac den ersten Strauchdieb durchbohrte, der ihm seine Isabelle rauben wollte. Und weiter Streitäxte, Keulen, Morgensterne, Krummsäbel, Krise, Wurfmesser, Javelots, Dolchstöcke wie der, an dem John Carradine starb, als er getroffen auf der Stromschiene niedersank, und wer's nicht mehr weiß, hat Pech gehabt. Dazu Piratendegen, vor denen Carmaux und Van Stiller erbleichen würden, und feinziselierte Pistolets, wie kein Sir James Brook sie jemals besaß (sonst hätte er sich nicht geschlagen gegeben vor der sardonischen x-ten Zigarette des Portugiesen); und Stilette mit dreikantiger Klinge wie jenes, mit welchem, indes sachte der Tag zur Neige ging in Clignancourt, Sir Williams' Schüler den Finsterling Zampa ins

Jenseits beförderte nach vollbrachtem Muttermord an der schmierigen alten Fipart; und Todesbirnen, wie sie dem Kerkermeister La Ramée ins Maul gestopft wurden, während der Duc de Beaufort, das rötliche Barthaar noch verschönt durch lange Pflege mit bleiernem Kamm, von dannen ritt im Vorgeschmack auf den Zorn Mazarins; und Feuermünder, geladen mit Nägeln, abzuschießen mit betelgeschwärzten Zähnen; und Flinten mit perlmuttgeschmücktem Kolben, anzulegen auf Araberhengste mit glänzendem Fell und nervösem Huf; und blitzschnelle Bögen, die den Sheriff von Nottingham hätten grün werden lassen vor Neid; und Skalpiermesser, wie sie Minnehaha besaß oder auch (für Kinder von deutschen Müttern) Winnetou. Flache Brownings, passend zum Frack des Gentleman-Räubers, und schwere Luger, die einem die Taschen ausbeulen oder die Achseln aufblähen wie bei Michael Shayne. Und immer wieder Gewehre. Gewehre in allen Größen und Arten, Typ Bärentöter und Henrystutzen, Typ Ringo in Stagecoach, Typ Wild Bill Hickock oder, als Vorderlader, Typ Lederstrumpf. Mit einem Wort: Waffen, mein Sohn, massenhaft Waffen und nichts als Waffen. Das wird dir der Weihnachtsmann bringen.

Sie setzen mich in Erstaunen, mein Herr, wird man sagen. Sie, der Sie in einem Anti-Atomwaffen-Komitee engagiert sind, der Sie an Ostermärschen teilnehmen und sich zur Mystik des Pazifismus bekennen!? Widerspreche ich mir? Nun gut, ich widerspreche mir (Walt Whitman).

Es war eines Morgens in Frankfurt am Main, ich hatte dem Sohn eines Freundes ein Mitbringsel von der Reise versprochen, betrat ein Kaufhaus und fragte nach einem schönen Trommelrevolver. Entsetzte Blicke. Kriegsspielzeug führen wir nicht, mein Herr! Eisig, das Blut konnte einem in den Adern gerinnen. Beschämt trat ich auf die

Straße hinaus und lief direkt in zwei vorübergehende Bundeswehrsoldaten hinein. Die Wirklichkeit hatte mich wieder. Sie sollte mich nie mehr narren, von nun an würde ich einzig auf meine persönlich-private Erfahrung bauen und den Moralaposteln mißtrauen.

Meine Kindheit war ausgesprochen, ja fast ausschließlich kriegerisch gewesen: Ich schoß mit selbstgebastelten Blasrohren in die Büsche, duckte mich hinter die spärlichen Autos am Straßenrand und feuerte Salven aus meinem Repetiergewehr; ich führte mit blanker Waffe Attacken und verlor mich in blutigen Schlachten. Zu Hause Bleisoldaten, ganze Armeen, involviert in aufreibenden Strategien, in Operationen, die Wochen dauerten, in nicht enden wollenden Feldzügen, für die ich noch die Reste des Teddybären und die Puppen der Schwester mobilisierte. Ich gründete Räuber- und Abenteurerbanden, ließ mich von einer Handvoll Getreuer »Schrecken der Piazza Genova« nennen (heute Piazza Matteotti), löste eine Formation »Schwarze Löwen« auf, um mich einer anderen, stärkeren Bande anzuschließen, in der ich sodann eine Meuterei inszenierte, die katastrophal ausging. Ins Monferrat evakuiert, wurde ich zum Eintritt in die »Bande des Gäßchens« gezwungen und erduldete eine Initiationszeremonie, bestehend aus einhundert Fußtritten in den Hintern plus dreistündiger Gefangenschaft in einem Hühnerstall; wir kämpften gegen die Bande vom Rio Nizza, es waren dreckige und gemeine Kerle, das erste Mal kriegte ich Angst und lief weg, das zweite Mal traf mich ein Stein an der Lippe, ich habe noch heute ein Knötchen innen im Mund, das ich mit der Zunge fühlen kann. (Später kam dann der richtige Krieg, die Partisanen ließen uns ein paar Sekunden lang ihre Sten halten, und wir sahen auch ein paar Freunde daliegen mit einem Loch in der Stirn; aber inzwischen waren wir in das Alter gekommen, wo wir am Ufer des Belbo entlangschlichen, um die Achtzehnjährigen beim Knutschen zu überraschen, außer in den Momenten der ersten mystischen Krisen.)

Aus dieser Orgie von Kriegsspielen ist ein Mann hervorgegangen, der es geschafft hat, achtzehn Monate Militärdienst zu absolvieren, ohne ein Gewehr zu berühren, um statt dessen die langen Stunden in der Kaserne für intensive Studien der mittelalterlichen Philosophie zu nutzen. Ein Mann, der sich mit allerlei Ruchlosigkeiten befleckt hat, nicht aber mit dem tristen Delikt der Waffenliebe und des Glaubens an den heiligen Wert und die wirkende Kraft des Krieges. Ein Mann, der den Wert von Armeen nur begreift, wenn er sie aufgelöst heimkehren sieht im Schlamm des Vajont auf der Suche nach einer noblen und nützlichen Aufgabe im Zivilleben. Der absolut nicht an Heilige Kriege glaubt und nur Bürgerkriege zu schätzen weiß – jene *civil wars*, also »zivilen Kriege«, in denen die Kämpfenden nur widerwillig kämpfen, an den Haaren hineingezogen, auf eigene Gefahr und Verantwortung, immerzu hoffend, daß es bald enden möge, und nur weil es wirklich um jenes essentielle Stück Menschenwürde geht, von dem man nicht absehen kann. Und ich glaube, daß ich diesen meinen tiefen, systematischen, kultivierten und dokumentierten Widerwillen gegen den Krieg ebenjenen gesunden, unschuldigen, platonisch blutigen Ausschweifungen meiner Kindheit verdanke, so wie man aus einem Western (mit einer soliden Riesenkeilerei, bei der die Saloonwände wackeln, die Tische und Spiegel zu Bruch gehen, auf den Pianisten geschossen wird und die Gläser zerklirren) geläutert herauskommt, gelöst und friedlich und voller Bereitschaft, den Passanten, der einen anrempelt, freundlich anzulächeln und den aus dem Nest gefallenen kleinen Sperling behutsam aufzulesen – wie schon der alte Aristoteles wußte, als er verlangte, die Tragödie solle vor unseren Augen das rote Banner des Blutes schwenken, um uns zu läutern und gründlich zu reinigen mit dem göttlichen Bittersalz der finalen Katharsis.

Und ich stelle mir demgegenüber die Kindheit Eichmanns vor. Wie er sich geduldig, der Blick schon ganz Buchhalter des Todes, über die schwierige Konstruktion aus dem Metallbaukasten beugt und pedantisch die Instruktionen der Bauanleitung befolgt; wie er sich gierig über die bunte Schachtel mit der Aufschrift »Der kleine Chemiker« hermacht; wie er sich sadistisch seine Ausrüstung als »Der fröhliche Zimmermann«, komplett mit handbreitem Hobel und zwanzig Zentimeter langer Säge, auf einer Sperrholzplatte zurechtlegt. Oh, fürchtet die kleinen Jungen, die Kräne basteln! In ihren kalten und verdrehten Technikerhirnen brauen sich schon die unheilvollen Komplexe zusammen, von denen sie dann im reifen Alter beherrscht sein werden. In jedem kleinen Ungeheuer, das die Weichen seiner Modelleisenbahnanlage stellt, sehe ich schon den künftigen Lagerkommandanten eines KZ. Und wehe, wenn sie ihre Kollektionen von Miniaturautos lieben, die ihnen die Spielzeugindustrie ohne Skrupel in Plastikmodellen anbietet, perfekt mit aufklappbarem Kofferraum und herunterdrehbaren Fensterscheiben – grauenvoll, grauenerregendes Spielzeug für künftige Techniker eines elektronischen Heeres, die leidenschaftslos den roten Knopf zur Auslösung eines Atomkriegs drücken!

Ihr könnt sie schon heute identifizieren. Die großen Bauspekulanten, Spezialisten für Räumungsklagen mitten im Winter, die ihre Persönlichkeit beim Monopoly ausgeprägt haben, jenem infamen Spiel, das sie früh lehrte, sich an den Gedanken des An- und Verkaufs von Immobilien und des ungerührten Abstoßens von Aktienpaketen zu gewöhnen. Die Pères Grandet von heute, die den Geschmack an Akkumulation und Börsengewinnen bei ihren Lottospielchen bekamen. Die Bürokraten des Todes, die sich am Metallbaukasten schulten, die toten Seelen der Bürokratie, die ihre Seelen abzutöten begannen, als sie mit den Formularen, Stempeln und Briefmarken ihrer »Kleinen Post« spielten …

Und morgen? Was wird aus Kindern, denen der industrielle Weihnachtsmann amerikanische Puppen beschert, die sprechen und singen und sich von alleine bewegen können? Japanische Automaten, die springen und tanzen, ohne daß sich die Batterien erschöpfen? Ferngesteuerte Automobile, deren Mechanik man nie ergründet …

Stefano, mein Sohn, ich werde dir Gewehre schenken. Denn ein Gewehr ist kein Spiel. Es ist ein Anstoß zu einem Spiel. Mit ihm mußt du eine Situation erfinden, ein Beziehungsgeflecht, eine Dialektik von Ereignissen. Du machst *Peng* mit dem Mund und entdeckst, daß dein Spiel soviel taugt, wie du selbst hineinlegst und nicht schon vorfabriziert darin findest. Du stellst dir vor, daß du Feinde vernichtest, und befriedigst damit einen Urtrieb, den keine Zivilisation dir je austreiben wird (außer sie macht dich zum Neurotiker, reif für betriebliche Eignungstests à la Rorschach). Aber bald geht dir auf, daß dein Feindevernichten eine Spielkonvention ist, ein Spiel unter anderen Spielen, und so lernst du es als ein wirklichkeitsfernes Treiben erkennen, dessen Grenzen dir beim Spielen durchaus bewußt sind. Du reagierst deine Wut und deine Komplexe ab und wirst frei für andere Botschaften, die weder Tod noch Zerstörung betreffen, ja es wird wichtig sein, daß dir Tod und Zerstörung für immer als Phantasiegebilde erscheinen, wie Rotkäppchens böser Wolf, den wir alle als Kinder gehaßt haben, ohne deshalb einen irrationalen Haß auf Wolfshunde zu entwickeln.

Aber vielleicht ist das noch nicht alles und noch nicht genug. Ich werde dir nicht erlauben, mit deinen Colts einfach wild in der Gegend herumzuballern, bloß zur spielerischen Abreaktion deiner Urinstinkte, ich werde den konstruktiven Teil der Erziehung, die Vermittlung von Werten, nicht auf die Zeit nach vollbrachter Abreaktion verschieben. Nein, ich werde versuchen, dir etwas mitzugeben, *während* du hinter dem Sessel hervorballerst.

Vor allem werde ich dich nicht lehren, auf die Indianer zu schießen. Ich werde dir beibringen, auf die Schnaps- und Waffenhändler zu schießen, die den Indianern die Widerstandskräfte zerstören. Und auf die Sklavenhalter des Südens, denn es versteht sich, daß du als ein Lincoln-Mann schießt. Ich werde dir nicht beibringen, auf die Kannibalen im Kongo zu schießen, sondern auf die Elfenbeinhändler, und in einem Moment der Schwäche hole ich dann vielleicht einen Kessel, und wir kochen gemeinsam den Doktor Livingstone, *I suppose.* Wir werden auf seiten der Araber gegen Lawrence kämpfen, der mir sowieso nie als ein Vorbild an Männlichkeit für brave kleine Jungen erschienen ist, und wenn wir Römer spielen, stehen wir auf seiten der Gallier, die ja Kelten waren, wie wir Piemontesen, und sauberer als jener Julius Cäsar, den du schon früh mit Mißtrauen zu betrachten lernen solltest, denn man nimmt einem demokratisch verfaßten Gemeinwesen nicht die Freiheit, um ihm dafür nach dem Tod als gnädiges Almosen die Gärten und Parks zum Spazierengehen zu überlassen. Wir werden mit Häuptling Sitting Bull gegen den Widerling General Custer kämpfen. Und in China mit den Boxern natürlich. Und mit Fantomas eher als mit Juve, der zu pflichtbewußt war, um sich zu weigern, gelegentlich einen Algerier niederzuknüppeln. Aber jetzt mache ich Spaß: natürlich werde ich dir sagen, daß Fantomas ein Bösewicht war, aber ich werde nicht hingehen und dir erzählen (als Komplize der korrumpierenden Baroness Orczy), daß Scarlet Pimpernel ein Held gewesen wäre. Er war ein dreckiger Konterrevolutionär, der dem braven Danton und dem unbestechlichen Robespierre Scherereien machte, und wenn wir diese Geschichte spielen, wirst du am Sturm auf die Bastille teilnehmen.

Oh, das werden herrliche Spiele sein, und denk nur, wir werden sie gemeinsam spielen! Was, Ihr meint, wir sollten Kuchen essen statt Brot? Allons, vite, Monsieur Santerre, laßt die Trommeln rühren, Tricoteusen aller Länder, vereinigt euch zum fröhlichen Stricken. Heute spielen wir die Enthauptung der Marie Antoinette. Perverse Erziehung? Wer sagt das? Sie, mein Herr, der Sie Filme machen über den angeblichen Helden Fra Diavolo, diesen übelsten aller Straßenräuber im Solde der Großgrundbesitzer und der Bourbonen? Haben Sie je Ihrem Sohn beigebracht, zur Abwechslung einmal Carlo Pisacane* zu spielen – oder haben Sie nicht eher zugelassen, daß unsere Schulmeister und der Reimeschmied Mercantini ihn weiter, wie gehabt, unseren Kindern als netten blonden Idioten zum Auswendiglernen vorführen?**

Und Sie, mein Herr, der Sie doch sozusagen ein geborener Antifaschist sind, haben Sie je mit Ihrem Sohn Partisanen gespielt? Sich hinters Bett geduckt und gerufen, als wären Sie beim Maquis in den Bergen: »Achtung,

* Italienischer Patriot und Sozialrevolutionär, 1818 – 1857 *(A. d. Ü.)*.

** Anspielung auf das patriotische Gedicht *La spigolatrice di Sapri* von Luigi Mercantini, 1821 – 1872 *(A. d. Ü.)*.

Schwarzbrigadisten von rechts, voll draufhalten, Feuer frei auf die Nazis!« – Nein, Sie schenken Ihrem Sohn lieber bunte Bauklötzchen und schicken ihn mit dem Kindermädchen ins Kino, wo er rassistische Filme sieht, in denen die Vernichtung der Indianer verherrlicht wird …

So, lieber Stefano, werde ich dir Gewehre schenken. Und dich lehren, sehr komplexe Kriege zu spielen, in denen die Wahrheit nie bloß auf *einer* Seite zu finden ist, in denen man manchmal – wie bei uns am 8. September 43 – Seitenwechsel vollziehen muß. Du wirst dich austoben in deinen jungen Jahren, deine Ideen werden ein bißchen durcheinandergeraten, aber langsam werden sich Überzeugungen in dir bilden. Und später, wenn du erwachsen bist, wirst du glauben, daß *alles* nur ein Märchen gewesen war – Rotkäppchen, Aschenbrödel, die Gewehre und die Kanonen, der Mensch gegen den Menschen, die Hexe gegen die sieben Zwerge, die Armeen gegen die Armeen. Und sollten dann zufällig, wenn du groß bist, die Monstergestalten deiner Kinderträume noch nicht verschwunden sein – die Hexen, die Kobolde, die Armeen, die Bomben, die Zwangsrekrutierungen –, wer weiß, vielleicht hast du dann eine kritische Haltung zu Märchen gewonnen und gelernt, dich kritisch in der Wirklichkeit zu bewegen.

Alexander Lernet-Holenia

Die Heiligen Drei Könige von Totenleben

Im November 1647 unternahm der Oberbefehlshaber der französischen Truppen im Dreißigjährigen Kriege, der Marschall von Turenne, einen größeren Ritt, um persönlich gewisse vorgeschobene Postierungen seiner in der Pfalz liegenden Armee zu besichtigen, und dabei griffen die Reiter seines Gefolges ihm zwei Leute auf, die, zu Fuß und in schlechten Kleidern, durch das Land zogen. Es waren dies ein junger Mann und eine junge blonde Frau, die beide elend aussahen. Die Frau erwartete überdies ein Kind; sie mochte schon im siebenten oder achten Monat sein. Befragt, wohin sie gingen, erklärten die beiden: sie seien ein Ehepaar und hätten den Ort, in dem sie bisher bei den Eltern der Frau gewohnt und wo der Mann auch ein Handwerk betrieben, verlassen müssen, weil da von Soldaten alles gänzlich sei niedergebrannt worden; und nun ständen sie im Begriff, nach der Heimat des Mannes, einem Dorfe am unteren Main, Totenleben geheißen, zu wandern, da sie dort ein Unterkommen und vielleicht auch ihren Unterhalt zu finden hofften. Denn sie selber besäßen nichts mehr, als was sie auf dem Leibe trügen, und die Hoffnung auf das Kind, dem die Frau entgegensähe.

Der Vicomte von Turenne, der eben einen bestimmten Plan in seinem Innern wälzte, verstand von diesem auf Deutsch geführten Verhör nur wenige Brocken. Immerhin fiel der eigentümliche Name des Dorfes, nach dem die zweie wollten, ihm auf. Er entließ sie und faßte einen sonderbaren Entschluß, in dessen Verfolg er in einer Rauhnacht dieses selben Winters, der entsetzlich kalt war, mit einem Reitertrupp in der Gegend des unteren Mains auftauchte.

Er und seine Leute waren schwer bewaffnet und in Pelze und Mäntel gehüllt. Der Mond glänzte auf ihren Helmen. Das Land rundum war verwüstet. Auf etwa hundert Schritt vor dem Trupp trabten, mit Karabinern in den Fäusten, zwei Reiter, die hin und wieder vor einem verschneiten Gebüsch oder den Resten eines verbrannten Gehöfts kurz anhielten und schrien: *»Qui vive?«* Allein es antwortete niemand. Die Gegend lag völlig tot, nur ein paar aufgescheuchte verwilderte Hunde flohen über die Schneefelder davon und heulten noch lang in der Ferne. Vom Galgen eines Hochgerichts, an dem man vorbeikam, baumelten die Reste einer Mumie. Die Kavalkade trabte stetig weiter. Silberner Frostrauch spann in den vereisten Mulden.

An der Ecke eines Gehölzes hielten die Reiter an. Herr von Turenne saß von seinem Pferde ab, und zwei Diener, auf schon früher erfolgten Befehl offenbar, näherten sich ihm und nahmen ihm den Pelzmantel von den Schultern und den Hut vom Haupt. Das Mondlicht leuchtete auf der goldenen Kette auf, die er um den Hals trug.

Indessen waren auch mehrere von seinen Offizieren abgesessen. Sie hatten sich ihm genähert, und die Diener zogen ihm ein sonderbares Kleid über die Rüstung, ein mit Flittern und goldenen Sternen übersätes weißes Hemd, und über sein Gesicht hängten sie einen schwarzen Schleier.

Das Ganze war ein Dreikönigsgewand, wie die Sternsinger es tragen.

Nun zogen die Diener auch beide Pistolen aus den Halftern seines Sattels und gaben sie ihm in die Hände.

»Ich gehe jetzt«, sagte er zu seinen Offizieren. »Die Herren erwarten mich hier. Sollte ich bis drei Uhr morgens nicht wieder zurück sein, so lassen Sie das Dorf absuchen!«

»Jawohl, Monseigneur«, antworteten die Offiziere; und er ging über das Schneefeld davon.

Er mochte ein paar hundert Schritte weit gekommen sein, als die Umrisse eines Dorfes vor ihm auftauchten.

Am Nordende des Dorfes erschien ein Licht.

Er ging darauf zu.

Es strahlte von einer merkwürdigen Laterne aus Ölpapier aus, die sternförmig war und auf einer etwa acht Fuß hohen Stange stand.

Zwei Männer, deren einer die Stange hielt, standen dabei. Auch sie hatten Sternsingergewänder an, jedoch weiße Schleier vor den Gesichtern.

Herr von Turenne, indem er die Pistolen hob, trat auf sie zu und nannte seinen Namen.

Die beiden andern antworteten: »Wrangel« und »Melander«.

Sie waren: der nach Torstensons Abgang neuernannte Oberbefehlshaber der Schweden, und derjenige der kaiserlichen Truppen, ein Reichsgraf Melander von Holzapfel.

Alle drei lüfteten nun die Schleier und sahen einander in die Gesichter, dann ließen sie die Schleier wieder vorfallen. Turenne versorgte die Pistolen in der Seidenschärpe, die er unter dem Dreikönigshemde trug, und sagte:

»Ich habe die Herren in dieser Verkleidung hierhergebeten, damit wir, ungestört und ohne daß unsere Leute etwas davon erfahren, über die Dinge reden können, die uns angehen. Es ist der Dreikönigstag, und man wird uns für Sternsinger halten. Am besten gehn wir jetzt ins Dorf und suchen ein Quartier, in das wir eintreten und in dem wir die Verhandlungen beginnen können.«

»Das Dorf ist nicht mehr da«, sagte Melander. »Es ist niedergebrannt. Ihre eigenen Truppen, Graf, dürften es getan haben.«

»Es können«, sagte Turenne, »auch die Ihren gewesen sein, Graf.«

»Oder die der Schweden«, sagte Melander.

»Auf jeden Fall«, sagte Wrangel, »sollten wir nachsehen, ob wir nicht doch irgendwo ein Unterkommen finden. Denn hier in dieser Kälte wollen wir ja wohl nicht stehenbleiben.«

Sie setzten sich also mit ihrem Stern in Bewegung.

Längs der Dorfstraße gab es an den Stellen, an denen früher Häuser gestanden hatten, nur mehr Schutthaufen. Aber in der Nähe der niedergebrannten Kirche fanden sie doch noch ein halbwegs erhaltenes Haus, dessen Fensterhöhlen mit Brettern vernagelt waren; und schwaches Licht schimmerte durch die Spalten dieser Läden.

Sie traten vor die Tür und pochten an.

Sie hatten mehrmals zu pochen, bis eine Stimme von innen fragte, was es denn gäbe.

Man solle öffnen, riefen sie, und daraufhin ging die Tür,

die keine Angeln mehr hatte, knirschend ein wenig auf, und ein Mann steckte den Kopf heraus.

»Was wollt ihr?« fragte er.

»Wir sind«, sagte Melander, »Sternsinger.«

»Sternsinger?« sagte der Mann. »Heute schon?«

»Ja«, sagte Melander. »Laß uns also ins Haus!« Und damit trat er auch bereits auf die Schwelle; und die beiden andern, nachdem sie die Stange mit der Laterne abgestellt hatten, folgten ihm.

»Aber es ist ja doch«, sagte der Mann, indem er die Tür hinter ihnen wieder zuzog, »erst Heiliger Abend!«

»Nein«, sagte Wrangel, »es ist Dreikönigstag. Glaubt ihr denn hier, es gelte noch der alte Kalender? Wir haben ja schon den neuen.«

»Was den für einen neuen?« fragte der Mann.

»Der Papst«, sagte Melander, »hat doch den Kalender geändert. Der Kalender war ja schon um vierzehn Tage im Rückstand. Er stimmte mit dem Stand der Gestirne nicht mehr überein. Wißt ihr denn das hier nicht? Hat euch euer Pfarrer das nicht gesagt?«

»Unser Pfarrer ist längst tot«, sagte der Mann. »Die Schweden haben ihn erschlagen. Das Dorf ist verwüstet, die ganze Gegend ist öde. Wie sollen wir wissen, ob der Papst den Kalender geändert hat oder nicht? Wir feiern heute den Heiligen Abend – wenn man das überhaupt noch ein Feiern nennen kann.«

»Nun«, sagte Wrangel, »wie immer dem auch sei, wir wünschen hier ein wenig zu rasten. Bring uns was zu essen und ein paar Gläser Wein, wir werden dir's in anständigem Geld bezahlen.«

»Ich war einmal der Wirt hier am Ort«, sagte der Mann, »und mein Geschäft ging gut. Jetzt aber habe ich nicht einmal mehr Brot für uns selbst, und wenn wir trinken wollen, so müssen wir den Schnee schmelzen, denn unsere Brunnen sind verschüttet. Setzt euch, ein Sitz ist das einzige, was ich euch anbieten kann. Was seid ihr denn aber überhaupt für Leute, daß ihr glaubt, euch durch Sternsingen Almosen verdienen zu können? Wo seid ihr her? Hier im Dorf sind wir die einzigen Menschen, und in der ganzen Gegend gibt es kein Körnchen Getreide mehr und kein einziges Stück Vieh. Alles ist im Krieg zugrunde gegangen.«

Die dreie zuckten die Achsel und sahen sich im Raum um. Es gab da nichts als einen Herd, auf dem ein Feuer einen flackernden Schein verbreitete, und einen Tisch mit ein paar Bänken rundum. Auch war die Stube voll Rauch. Die Frau des Wirts und ein halbwüchsiger Junge, beide erschreckend abgemagert, sahen die Fremden an. Und dann gab es noch zwei Leute im Zimmer, einen jungen Mann und eine junge blonde Frau. Turenne erkannte sie wieder. Es waren die beiden, die er auf seinem Erkundungsritt getroffen.

»Wer sind die?« fragte er in seinem schlechten Deutsch.

»Arme Leute«, sagte der Wirt, »die hier zugezogen sind und nirgends ein Unterkommen gefunden haben. Der Mann war von hier, dann ist er fort und hat geheiratet, aber er hat wieder zurückmüssen, und nun gewähre ich den beiden Quartier im Stall. Die Frau erwartet ein Kind.«

»Was du nicht sagst!« meinte Turenne, und die drei setzten sich an den Tisch.

Indessen begannen die anderen sich damit zu befassen, in der Nähe des Herdes aus Moos und kleinen Holzfiguren eine Weihnachtskrippe aufzubauen. Die Figuren, die der Wirt noch besaß, weil sie es keinem der plündernden Soldaten wert gewesen waren, sie mitzunehmen, waren bunt bemalt und stellten die Heilige Familie, die Engel, die Könige, die Hirten, den Ochsen und den Esel dar.

Die drei Feldherren sahen eine Zeitlang zu, dann begannen sie ihre eigenen Gespräche. Sie sprachen französisch.

»Die Friedensverhandlungen«, sagte Turenne, »die in Münster schon im vorigen Jahr begonnen haben, werden nicht im Sinne der Armeen geführt. Käme es wirklich zum Frieden, so wären die Heere überflüssig geworden. Aber der Soldat hat sich daran gewöhnt, davon zu leben, daß er eben Soldat ist, und wir, seine Führer, tragen die Verantwortung für den Soldaten. Und dann ist der Krieg, offen gestanden, ein Geschäft geworden wie jedes andere auch. Ich weiß nicht, wie die Herren darüber denken, aber ich für meine Person werde alles tun, um zu verhindern, daß er in einer Form ende, bei der wir und unsere Leute unsere prädominierenden Positionen verlieren und von heute auf morgen davongejagt werden können. Um Maßnahmen zu besprechen, die gegen einen übereilten Friedensschluß zu ergreifen sind, habe ich die Herren hierhergebeten. Denn wenngleich wir Feinde sind, so ziehen wir doch alle am selben Strang oder hauen in die gleiche Kerbe, ganz wie Sie es nennen wollen.«

Als die Leute, die die Krippe bauten, die fremde Sprache hörten, blickten sie erstaunt zu den dreien hinüber. Der Wirt lauschte eine Zeitlang voll Beunruhigung, dann kam er an den Tisch heran.

»Wer seid ihr?« fragte er. »Ihr seid keine gewöhnlichen Sternsinger. Was sucht ihr hier? Habt ihr euch nicht schon überzeugt, daß das Land, das Dorf, dies Haus verwüstet sind und daß es nichts mehr zu holen gibt? Was wollt ihr von uns? Wir haben euch nichts mehr zu geben. Seid ihr Marodeure? Seid ihr Spione? Kommt ihr vor denen einher, die uns auch noch das Leben nehmen wollen? Es ist das einzige, was man uns noch nehmen kann.«

»Schweig«, sagte Melander, »wir sind die Heiligen Drei Könige, und damit basta! Stör uns nicht! Wir haben hier was zu reden.« Und er warf ihm ein Goldstück zu.

Der Wirt sah das blitzende Ding an, er hatte schon seit Jahren keines mehr gesehen. Dann nahm er es hastig und prüfte es zwischen den Fingern. Dabei verwandelte sein Wesen sich völlig. Er wollte den dreien ins Gesicht blicken, doch konnte er die Schleier nicht durchdringen. Auch merkte er nun erst die Stiefel und die Sporen, die unter den Dreikönigshemden der drei hervorsahen, und die Messingschuhe der ledernen Degenscheiden.

»Verzeihen die Herren!« sagte er katzbuckelnd. »ich wollte nicht um alles ... ich wußte nicht ...«

»Schon gut«, sagte Melander, »scher dich weiter!«

»Dürfen wir«, fragte der Wirt, »den Herren wenigstens das Weihnachtslied vorsingen? Stört es die Herren nicht?«

»Singt meinetwegen«, sagte Melander, »aber bleibt leise. Macht kein Geplärr!«

Der Wirt, rückwärts gehend und immerzu katzbuckelnd, zog sich zurück. Er flüsterte mit seinen Leuten und zeigte ihnen das Goldstück. Die anderen sahen herüber, dann kam die Frau des Wirtes heran und küßte Melander die Hand, um ihm zu danken.

»Gut, gut«, sagte Melander und gab gar nicht auf sie acht. Das französische Gespräch ging indessen weiter. Nach einiger Zeit begannen die an der Krippe des Weihnachtslied zu singen. Sie sangen es leise und mit rührenden Stimmen.

Gegen Ende des Liedes hörte die junge Frau zu singen auf, schwankte und hielt sich an der Schulter ihres Mannes fest. Die Wehen hatten sie befallen.

Es wäre wohl die Absicht des Wirtes gewesen, sie, wären die Fremden nicht dagewesen, in der Stube niederkommen zu lassen. Wegen Anwesenheit der Herren aber wagte er das nicht. Die Frau ward in den Stall geführt, wo sie auf einer Streu von Moos und welkem Laub ihr Lager hatte.

Die Feldherren, als das Lied unterbrochen ward, merkten es gar nicht, und auch nicht, daß man die Frau fortführte. Sie waren es gewohnt, über andere Menschen hinwegzusehen wie über bloße Spreu. Sie sprachen weiter, und zwischen den französischen Sätzen hörte man die Namen Torstenson, Jan von Werth, Max Emanuel. Aus irgendeinem Grunde schienen die Feldherren plötzlich untereinander uneins geworden zu sein und sprachen nun ziemlich erregt. Gegen die Fortführung des Krieges hatte sich nämlich vor allem Melander ausgesprochen. Er sagte, das Land sei nun schon verwüstet genug, man möge doch sehen, wie bettelhaft arm hier die Leute geworden wären; und man erzähle sich längst, daß, nach gewissen Kämpfen, Leute nachts auf den Schlachtfeldern aufgetaucht und die Toten zerstückt, gebraten und gegessen hätten. – So stritten sie weiter, bis aus dem Stall ein Schrei zu vernehmen war und dann noch einer, da blickten sie auf.

»Was ist denn los?« fragte Wrangel. Aber nun blieb es still. »Wo sind denn die Kerle eigentlich?«

Er erhob sich, trat zur Tür, die zum Stall führte, und schlug mit einem Pistolenkolben dagegen. Es dauerte einige Zeit, bis der Wirt erschien.

»Wer«, fragte Wrangel, »hat da geschrien? Was tut ihr denn eigentlich da draußen?«

»Ach, Herr«, sagte der Wirt, »ach, Herr!«, und er hatte einen ganz sonderbaren Ausdruck im Gesicht.

»Nun?« schrie Wrangel. »Was gibt's?«

»Denkt Euch bloß, Herr«, sagte der Wirt, »während Ihr hier gesessen seid, ist etwas geschehen. Es ist schon so lange her, daß dergleichen nicht mehr geschehen ist. Immer nur sind fremde Soldaten gekommen und haben gemordet, gestochen und gebrannt, immer weniger Leute sind wir geworden. Nun aber sind wir wieder um eines mehr. Die junge Frau hat ein Kind geboren, es ist ein Knabe. Vielleicht kommt nun doch bald der Friede. Wollt Ihr das Kind nicht anschauen, Ihr Herren?«

Die drei blickten einander an. Im ersten Augenblick mochten sie vielleicht noch im Begriff gewesen sein, den Wirt zu fragen, ob er verrückt geworden sei, daß er sie belästige, und er solle dazusehen, daß er weiterkomme. Dann dachte vielleicht der eine oder der andere doch an die Zeit zurück, zu der, in ihren eigenen Familien, ein Kind geboren worden war, und welche Freude da geherrscht hatte. Oder sie dachten daran, wie sie selber Kinder gewesen waren. Und Turenne dachte vielleicht für einen Augenblick an das blonde Haar der Frau.

Auch war der Ton des Wirts ein solcher, wie sie schon lange nicht mehr einen Menschen hatten sprechen hören. Das Kind war ein fremdes Kind, es ging ihn nichts an, aber dennoch schien er so ergriffen, als ob es sein eigenes Kind gewesen wäre. Dennoch, in diesem Land, das ausgeplündert war und einer Eiswüste glich, auf der die Toten lagen, hatte ein Kind zu leben begonnen, es war, als wehte der Frühling daher, mitten im Triumph des Todes, den die drei Feldherren täglich anbefahlen, war ein Kind geboren worden, als ob es auch ihnen geboren worden sei.

Der erste, der auf die Schwelle der Stalltür trat, war Melander, dann folgte Wrangel, schließlich Turenne. Da lag die Frau auf der Streu, sie war schneeweiß im Gesicht, im Licht des Kienspans aber flimmerte ihr Haar wie Goldgespinst, und die anderen knieten bei ihr, wickelten das Kind in ein paar Lappen, die sie noch besaßen, und gaben es ihr in den Arm.

Die Feldherren standen schweigend und sahen die Mutter und das Kind lange an. Dann löste Turenne sich die Goldkette ab, die er unter dem Dreikönigshemd um den Hals hatte, und legte sie dem Kinde hin. Melander zog den Handschuh aus und streifte sich einen Ring mit einem Rubin vom Finger, und Wrangel legte einen gefüllten Geldbeutel auf die Streu. Die Beschenkten glaubten, es sei ein Wunder geschehen, und der junge Mann wollte Danksagungen stammeln, brachte aber kein Wort heraus. Doch wehrten die Feldherren plötzlich fast hochfahrend ab; und überhaupt waren sie um dessentwillen, was sie da getan hatten, auf einmal ein wenig verlegen, entschuldigten sich jedoch vor sich selbst damit, daß sie meinten, es sei eben nur eine Laune großer Herren gewesen. Auch gingen sie nun, unter Zurücklassung ihrer sonderbaren Laterne, ziemlich bald. Dem Wirt, der sie begleiten wollte und immerzu schwätzte, lachte und sich die Augen wischte, befahlen sie zurückzubleiben; und vor dem Dorf, ohne die begonnene Unterredung zu Ende geführt zu haben, grüßten sie einander kurz, dann ging jeder seiner Wege.

In ihren Herzen aber hatten sie den Frieden.

Isaac B. Singer

Eine Geschichte von drei Wünschen

Frampol. So hieß das Städtchen. Es hatte alles, was ein Städtchen haben sollte: ein Bethaus, ein Lernhaus, ein Armenhaus, einen Rabbi und ein paar hundert Einwohner. Jeden Dienstag war in Frampol Wochenmarkt, da kamen die Bauern aus den kleinen Dörfern, um Korn, Kartoffeln, Hühner, Kälber, Honig zu verkaufen und um Salz, Kerosin, Schuhe, Stiefel und alles, was ein Bauer sonst noch braucht, einzukaufen.

In Frampol wohnten drei Kinder, die oft miteinander spielten: Schloma (oder Salomon), sieben Jahre alt; seine Schwester Esther, sechs Jahre alt; und sein Freund Mosche, der ungefähr gleichaltrig mit Schloma war.

Schloma und Mosche gingen in dieselbe Schule, den Cheder, und dort erzählte ihnen jemand, daß sich an Hoschana Rabba, dem letzten Tag des Laubhüttenfestes, spät in der Nacht der Himmel auftue. Wer das geschehen sehe, habe eine Minute Zeit, um sich etwas zu wünschen, und dieser Wunsch werde auf jeden Fall in Erfüllung gehen.

Schloma, Mosche und Esther sprachen oft darüber. Schloma sagte, er würde sich wünschen, so weise und reich wie König Salomo, sein Namensvetter, zu werden. Mosche wäre gern so gelehrt in Glaubensdingen geworden, wie es der berühmte Rabbi Mosche Maimonides gewesen war. Und Esther wollte gern so schön wie die Königin Esther sein. Nach langem Hin und Her beschlossen die drei Kinder, an Hoschana Rabba die ganze Nacht wachzubleiben und, wenn der Himmel sich auftat, ihre Wünsche auszusprechen.

Kinder müssen zeitig ins Bett gehen, aber diese drei blieben wach, bis ihre Eltern eingeschlafen waren. Dann schlichen sie sich aus dem Haus und trafen sich im Hof der Synagoge, um auf das wundersame Ereignis zu warten.

Es war ein recht abenteuerliches Unternehmen. Der Mond schien nicht, und die Nacht war kalt. Die Kinder hatten schon oft gehört, daß draußen Dämonen lauern, die sich auf jeden stürzen, der sich in einer stockdunklen Nacht ins Freie wagt. Und es wurde auch von Leichnamen gemunkelt, die nach Mitternacht in der Synagoge beten und aus der heiligen Torarolle vorlesen. Wenn jemand zu später Stunde an der Synagoge vorbeiginge, könnte es passieren, daß ihn die Toten ans Vorlesepult riefen – ein schauerliches Erlebnis! Aber Schloma und Mosche hatten Gebetsmäntel angelegt, und Esther hatte sich zwei Schürzen umgebunden, eine vorn und eine hinten. Damit sollten die bösen Mächte abgewehrt werden. Trotzdem hatten die Kinder Angst. Eine Eule schrie. Man hatte Esther erzählt, nachts flögen Fledermäuse umher, und wenn sich eine in den Haaren eines Mädchens verfinge, würde es binnen einem Jahr sterben. Esther hatte sich ein Tuch um die Haare gebunden.

Eine Stunde verging, zwei Stunden, drei – und der Himmel hatte sich immer noch nicht aufgetan. Die Kinder wurden müde und hungrig. Plötzlich blitzte es, und der Himmel tat sich auf. Die Kinder erblickten Engel, Seraphim, Cherubim, feurige Triumphwagen und die Himmelsleiter, die Jakob im Traum gesehen hatte – mitsamt den hinauf- und hinabsteigenden geflügelten Engeln, genau wie es in der Bibel geschrieben steht. Das alles geschah so plötzlich, daß die Kinder ihre Wünsche vergaßen.

Esther sagte als erste etwas. »Ich hab' Hunger. Wenn ich doch eine Plinse hätte!«

Und sofort sahen die Kinder eine Plinse vor sich.

Als Schloma merkte, daß seine Schwester ihren Wunsch an etwas so Unwichtiges wie eine Plinse verschwendet hatte, wurde er zornig und rief: »Du dummes Mädchen, ich wollte, du wärst selber eine Plinse!«

Im Nu verwandelte sich Esther in eine Plinse. Nur ihr Gesicht lugte blaß und angstvoll aus dem Teig hervor.

So lange Mosche zurückdenken konnte, hatte er Esther lieb gehabt. Als er sah, daß seine geliebte Esther in eine Plinse verwandelt worden war, geriet er in schreckliche Verzweiflung. Jetzt war keine Zeit zu verlieren. Die Minute war schon fast vorbei. Mosche rief: »Ich möchte, daß Esther wieder so ist, wie sie war!«

Und so geschah es.

Im nächsten Moment schloß sich der Himmel wieder.

Als den Kindern klar wurde, wie töricht sie ihre Wünsche vergeudet hatten, begannen sie zu weinen. Es war stockdunkel geworden, und sie konnten den Heimweg nicht finden. Sie schienen sich in einem fremden Ort ver-

laufen zu haben. In Frampol gab es keine Berge, doch die Kinder stiegen einen Berg hinauf. Sie wollten umkehren, aber ihre Füße gingen wie von selbst bergaufwärts. Dann tauchte ein alter Mann mit einem weißen Bart vor ihnen auf. In der einen Hand hatte er einen Stock, in der anderen eine Laterne, in der eine Kerze brannte. Sein Gewand war mit einer weißen Schärpe gegürtet. Es war sehr windig, aber die Kerze flackerte nicht.

Der Alte fragte: »Wohin geht ihr? Und warum weint ihr?«

Schloma sagte ihm die Wahrheit: daß sie die ganze Nacht aufgeblieben waren und daß sie ihre Wünsche vergeudet hatten.

Der Alte schüttelte den Kopf. »Ein guter Wunsch ist nie vergeudet.«

»Vielleicht haben uns die Dämonen verwirrt, damit wir unsere Wünsche vergessen«, sagte Mosche.

»In der heiligen Nacht von Hoschana Rabba haben die Dämonen keine Macht.«

»Warum hat uns dann der Himmel einen so üblen Streich gespielt?« fragte Esther.

»Der Himmel spielt keine Streiche«, erwiderte der

Alte. »*Ihr* habt versucht, dem Himmel einen Streich zu spielen. Niemand wird ohne Erfahrung klug, niemand kann ohne zu lernen ein Gelehrter werden. Du, kleines Mädchen, bist bereits sehr hübsch, aber zur Schönheit des Körpers muß auch die Schönheit der Seele kommen. Kein Kind kann die Liebe und Treue einer Königin besitzen, die bereit war, ihr Leben für ihr Volk hinzugeben. Weil ihr drei euch zu viel gewünscht habt, habt ihr gar nichts bekommen.«

»Was sollen wir jetzt tun?« fragten die Kinder.

»Geht nach Hause und versucht, euch durch Anstrengung das zu verdienen, was ihr allzu schnell bekommen wolltet.«

»Wer seid Ihr?« fragten die Kinder, und der Alte erwiderte: »Dort oben nennt man mich ›Wächter in der Nacht‹.«

Sobald er das ausgesprochen hatte, befanden sich die Kinder wieder im Hof der Synagoge. Sie waren so erschöpft, daß sie, als sie wieder daheim waren und den Kopf aufs Kissen legten, sofort einschliefen. Sie erzählten niemandem, was sie erlebt hatten. Es blieb ihr Geheimnis.

Jahre vergingen. Schloma war immer wißbegieriger geworden. Er erwies sich als so begabt und las so viele Bücher über Geschichte, Handel und Finanzwesen, daß er Berater des Königs von Polen wurde. Man nannte ihn den »ungekrönten König« und den »König Salomo von Polen«. Er heiratete die Tochter eines bedeutenden Mannes und wurde wegen seiner Weisheit und Mildtätigkeit berühmt.

Mosche hatte sich stets vor allem für Glaubensdinge interessiert. Die Bibel und das Talmud konnte er fast auswendig. Er verfaßte viele religiöse Bücher und wurde als der »Maimonides unserer Zeit« bekannt.

Esther wurde eine junge Dame, die nicht nur schön, sondern auch gebildet und sehr tugendhaft war. Viele junge Männer aus reichen Familien schickten Heiratsvermittler zu Esthers Eltern, um sie um die Hand ihrer Tochter zu bitten, doch Esther liebte nur Mosche, genau wie Mosche nur Esther liebte.

Als der alte Rabbi von Frampol starb, wurde Mosche zu seinem Nachfolger ernannt. Ein Rabbi muß eine Frau haben, und Rabbi Mosche heiratete Esther.

Ganz Frampol nahm am Hochzeitsfest teil. Schloma, der Bruder der Braut, kam in einer sechsspännigen Kutsche zur Hochzeit seiner Schwester. Vor und hinter der Kutsche ritten Stallknechte. Die Musik spielte, es wurde getanzt, und das junge Paar bekam viele Geschenke. Spät in der Nacht wurde der Bräutigam und dann jeder Gast zum Tanz mit der Braut aufgerufen, wobei diese nach alter Sitte das eine Ende ihres Taschentuchs und der Tanzpartner das andere Ende in der Hand hielt. Als jemand fragte, ob alle mit der Braut getanzt hätten, sagte der Hochzeits-Spaßmacher: »Ja, alle außer dem Nachtwächter.« Bei diesen Worten tauchte aus dem Nirgendwo ein alter Mann auf, der in der einen Hand einen Stock und in der anderen eine Laterne hatte und der mit einer weißen Schärpe gegürtet war. Die Braut, ihr Bruder und der Bräutigam erkannten den Alten wieder, sagten aber kein Wort. Er ging auf die Braut zu, stellte die Laterne auf eine Bank, legte den Stock daneben und begann dann, mit der Braut zu tanzen, während die anderen verwundert zusahen. Niemand hatte diesen alten Mann je zuvor gesehen. Die Musikanten hörten zu spielen auf. Es wurde so still, daß man das Zischen der Kerzen und von draußen das Zirpen der Heuschrecken hören konnte. Dann nahm der Alte seine Laterne, überreichte sie Rabbi Mosche und sagte: »Dieses Licht soll dir den Weg in die Tora weisen.« Seinen Stock überreichte er Schloma mit den Worten: »Dieser Stock soll dich vor deinen Feinden schützen.« Zu Esther, die seine weiße Schärpe erhielt, sagte er: »Diese Schärpe soll dich für immer an dein Volk und seine Bedrängnis binden.«

Nach diesen Worten verschwand der Alte.

In den folgenden Jahren geschah es oft, daß die Juden zu Esther kamen und sie baten, sich bei den Herrschern des Landes für sie einzusetzen. Sie band sich dann jedesmal die weiße Schärpe um und versäumte es nie, ihrem Volk zu helfen. Jedermann nannte sie »Königin Esther«.

Immer wenn es Rabbi Mosche schwerfiel, irgendeine Einzelheit des Gesetzes zu verstehen, öffnete er den Schrein, in dem die Laterne mit dem ewigen Licht stand, und sogleich wurde ihm alles klar. Wenn Schloma in Schwierigkeiten geriet, nahm er den Stock in die Hand, und sogleich waren seine Gegner machtlos.

Alle drei erreichten ein hohes Alter. Erst kurz vor seinem Tod enthüllte Rabbi Mosche den Leuten von Frampol, was damals in der Nacht von Hoschana Rabba geschehen war. Er sagte: »Für alle, die willens sind, sich anzustrengen, hält die Zukunft große Wunder und herrliche Schätze bereit. Für sie sind die Tore des Himmels immer offen.«

Dylan Thomas

Weihnachtsgespräch

KLEINER JUNGE

Vor vielen, vielen, vielen Jahren, als du ein kleiner Junge warst –

SELBST

Als es noch Wölfe in Wales gab und Vögel so rot wie rote Flanellunterröcke an den harfenförmigen Hügeln vorbeizischten, als wir die ganze Nacht und den ganzen Tag lang sangen und schwelgten, in Höhlen, die rochen wie Sonntagnachmittage in feuchten Guten Stuben von Bauernhäusern, und als wir mit den Kinnbacken von Pfarrern auf die Engländer und auf die Bären Jagd machten –

KLEINER JUNGE

Du bist nicht so alt wie Mr. Beynon vom Zweiundzwanzigerhaus, der sich erinnern kann, wie es noch gar keine Autos gab. Vor vielen, vielen Jahren, als du noch ein Junge warst –

SELBST

Ach, ich weiß noch, wie es noch lang keine Autos gab, noch nicht einmal Räder, und auch noch keine Pferde mit Gesichtern wie Herzoginnen; wie wir noch sattellos auf den Rücken der dummen und glücklichen Hügel selber ritten –

KLEINER JUNGE

Du bist auch nicht so dumm wir Mrs. Griffiths oben in unserer Straße, die sagt, sie hält im Reservoir ihr Ohr unter Wasser und hört den Fischen zu, wie sie miteinander walisisch sprechen. Als du noch ein Junge warst, wie war denn damals Weihnachten?

SELBST

Es hat geschneit.

KLEINER JUNGE

Voriges Jahr hat es auch geschneit! Ich hab einen Schneemann gemacht, und mein Bruder hat ihn umgeschmissen, und ich hab meinen Bruder umgeschmissen, und dann haben wir unseren Tee getrunken.

SELBST

Aber das war nicht derselbe Schnee. Unser Schnee, der wurde nicht nur in weißen Tüncheeimern vom Himmel geschüttet, sondern ich glaube, er kam auch in flaumigen Umhangtüchern aus dem Boden heraus und schwamm und trieb aus den Armen und Händen und Körpern der Bäume hervor; Schnee wuchs über Nacht auf den Dächern der Häuser wie ganz reines Moos, ein Großvatermoos, und Schnee machte ein winziges Efeugerank um die Mauern und setzte sich auf den Briefträger, der die

Gartenpforte öffnete, wie ein lautloses, gefühlloses Gewitter aus weißen, zerrissenen Weihnachtskarten.

KLEINER JUNGE

Hats denn damals auch schon Briefträger gegeben?

SELBST

Mit tröpfelnden Augen und kirschroten Windnasen knirschten sie auf gespreiteten erfrorenen Füßen den Hügel herauf zu unseren Haustüren und fäustlingten tapfer dran herum. Aber alles, was die Kinder hören konnten, war nur ein Glockenläuten.

KLEINER JUNGE

Du meinst, daß der Briefträger an der Tür bum – bum – bum machte und daß die Türen läuteten?

SELBST

Die Glocken, die die Kinder hören konnten, waren in ihnen drinnen.

KLEINER JUNGE

Ich hör nur Donner, manchmal; Glocken nie.

SELBST

Und Kirchenglocken gabs auch.

KLEINER JUNGE

In ihnen drin?

SELBST

Nein, nein, nein, in den fledermausschwarzen, schneeweißen Glockentürmen, und Bischöfe und Störche zogen an ihren Glockensträngen. Und sie läuteten ihre Botschaft über die weißverbundene Stadt hin, über den gefrorenen Schaum der Hügel aus Zuckerstaub und Fruchteis, über das knisternde Meer. Es war, als bummerten alle Kirchen vor Freude unter meinem Fenster, und ihre Wetterhähne krähten Weihnachten auf unserem Zaun aus.

KLEINER JUNGE

Erzähl lieber weiter von den Briefträgern.

SELBST

Die waren ganz einfache, gewöhnliche Briefträger. Sie hatten eine Vorliebe für lange Wege und Hunde und Weihnachten und den Schnee. Sie klopften an die Türen mit blauen Fingerknöcheln –

KLEINER JUNGE

Unsere hat einen schwarzen Klopfer –

SELBST

Und dann standen sie auf der weißen Willkommen-Fußmatte unter dem kleinen schneedurchwehten Vordach und klatschten ihre Hände zusammen und keuchten und fauchten und machten Geister mit ihrem Hauch und traten von einem Fuß auf den anderen wie kleine Jungen, die mal hinausgehen wollen.

KLEINER JUNGE

Und dann die Geschenke?

SELBST

Und dann die Geschenke, nach dem Trinkgeld für den Briefträger, und der kalte Briefträger rutschte mit einer Rose auf seiner Knopfnase, kling-kling, die von den Teetabletts glattpolierte Schlittenbahn des frostglänzenden Hügels hinunter. Er ging in seinen eisumkrusteten Stiefeln wie ein Mann auf vereisten Marmorplatten des Fischhändlers; er wedelte mit seinem Sack wie mit einem gefrorenen Kamelhöcker, bog taumelnd auf einem Fuß um die Ecke – und, Gott helfe mir, weg war er!

KLEINER JUNGE

Erzähl lieber weiter von den Geschenken.

SELBST

Also, da gab es die nützlichen Geschenke: allesverschlingende Wolltücher aus der alten Kutschenzeit und Fäustlinge, die für Riesenfaultiere gestrickt waren; Zebraschals aus einem Stoff wie seidener Kaugummi, den man beim Kraftziehen so ausdehnen konnte, daß sie einem bis auf die Galoschen reichten; weite Wollmützen wie bunte Teewärmer, die einem über die Augen fielen, daß man blind war; und echte Bärenfellmützen mit ihren Kaninchenschwänzen und Balaklavamützen, gerade groß genug für die Opfer von Kopfjägern, die ein Verfahren haben, Köpfe ganz klein zusammenschrumpfen zu lassen. Dann gab es von Tanten, die immer ihre Wollsachen gleich auf der Haut trugen, wollene Unterwäsche mit

Schnurrbärten und Pfeilen, so daß man sich wunderte, wieso diese Tanten überhaupt noch Haut hatten. Und einmal bekam ich auch einen kleinen gehäkelten Pferdefutterbeutel, von einer Tante, die leider nicht mehr unter uns wiehert. Und Bücher ohne Bilder, in denen kleine Jungen zwar mit vielen Zitaten gewarnt wurden, es ja nicht zu tun, aber dennoch auf Bauer Garges Teich eislaufen wollten und es auch wirklich taten und dabei ertranken; und Bücher, die mir alles über die Wespe mitteilten, bloß nicht, warum es sie gibt.

KLEINER JUNGE

Erzähl jetzt lieber von den unnützen Geschenken.

SELBST

Am Heiligen Abend hängte ich ans Fußende meines Bettes Bessie Bunters schwarzen Strumpf, und jedes Mal nahm ich mir vor, die ganze mondhelle, schneehelle Nacht wachzubleiben, um zu hören, wie die Rentiere auf unserem Dach landen und der Stiefel mit seinem Weihnachtsgrün durch den Kaminruß herunterkommt. Aber bald wehte mir der Schneesand in die Augen, und obwohl ich den Kamin und das ganze flimmernde Zimmer anstarrte, wo der schwarze sackartige Strumpf hing, war ich doch eingeschlafen, bevor der Schornstein erzitterte und das Zimmer vor lauter Weihnachten rot und weiß wurde. Aber am Morgen, obwohl kein schmelzender Schnee aus dem Kamin auf dem Schlafzimmerboden lag, war doch der Strumpf gebläht und zum Überlaufen vollgestopft. Wenn du draufdrücktest, dann quiekte er wie eine Maus im Sack; er roch nach Mandarinen, ein kleiner, pelziger Arm hing oben drüber hinaus, wie der Arm eines Känguruhs aus seiner Mutter Bauchtasche. Wenn man den

Strumpf in der Mitte hart drückte, dann schwabberte etwas; wenn man ihn noch einmal drückte, dann schwabberte es wieder. Und man konnte durch das frostbekritzelte Fenster hinaussehen auf die große Einsamkeit des kleinen Hügels. Eine Amsel saß dort still im Schnee.

KLEINER JUNGE

Hats denn nichts Süßes zum Essen gegeben?

SELBST

Natürlich gab es Süßigkeiten zum Essen. Die Schaumbonbons waren es ja, die im Strumpf geschwabbert hatten. Und dann gab es saure Bonbons, Sahnebonbons, weichen Zuckerhonigteig, Lakritzen, Seidenbonbons, Nußschokolade, Eisbonbons, Marzipan und walisische Schottenbonbons für die Waliser. Und Kolonnen von Zinnsoldaten, die, wenn sie auch nicht kämpfen wollten, doch immer davonlaufen konnten, und Wettrennspiele mit Fallen für die ganze Familie. Und *leichte Bastelspiele für kleine Ingenieure*, komplett mit Gebrauchsanweisung. Ja, wirklich leicht für einen Leonardo! Und eine Pfeife gabs, damit der Hund zu bellen beginnt, damit der alte Mann nebenan aufwacht, damit er mit seinem Stock an die Wand klopft, damit unser Bild von der Wand fällt. Und eine Schachtel Zigaretten! Man steckt sich einfach eine in den Mund und stellt sich an die Straßenecke und wartet umsonst stundenlang, daß eine alte Dame einen ausschimpft, weil man eine Zigarette raucht; und dann grinst man und ißt sie auf. Und ganz zuletzt, in der Zehe ganz unten im Strumpf, ein Sixpence-Stück, wie ein silbernes Hühnerauge. Und dann hinunter zum Frühstück unter den Luftballons!

KLEINER JUNGE

Hat es auch Onkels gegeben wie bei uns im Haus?

SELBST

Zu Weihnachten gibt es immer Onkels. Dieselben Onkels! Und am Weihnachtsmorgen durchstöberte ich mit einer hundeaufstörenden Pfeife und mit Zuckerwerk die schneeumwickelte Stadt nach Neuigkeiten aus der kleinen Welt; und immer fand ich einen toten Vogel bei der weißen Bank oder bei den verlassenen Schaukeln. Vielleicht ein Rotkehlchen, und alle seine Feuer waren verloschen, bis auf eines, das immer noch auf seiner Brust brannte. Männer und Frauen wateten und pflügten und schaufelten aus Kirche und Kapelle zurück, mit Wirtshausnasen und windgeohrfeigten Wangen, lauter Albinos, die ihre steifen, schwarzen, kitzelnden Federn gegen den unreligiösen Schnee gesträubt hatten. Mistelzweige hingen von den Gaskandelabern in allen Guten Stuben, es gab teelöffelweise Sherry und Walnüsse und Flaschenbier und krachende Kekse; und Katzen in ihren Gehpelzen bewachten die Kaminfeuer, und die hochgetürmten Feuer knisterten und spuckten und warteten auf die Kastanien und auf die Rührlöffel für den Glühwein. Etliche behäbige Männer saßen in den Guten Stuben und hatten ihre Kragen abgenommen; das waren ganz sicher Onkels, die ihre neuen Zigarren ausprobierten, sie kritisch auf Armlänge von sich weghielten, wieder zum Mund zurückführten, husteten und sie dann wiederum von sich weghielten, als warteten sie auf die Explosion. Und einige wenige kleine Tanten, die in der Küche nicht erwünscht waren, übrigens auch sonst nirgends, saßen am äußersten Rand ihrer Stühle, saßen in Positur, spröde, voll Angst, zu zerbrechen, wie Tassen und Untertassen, denen die Farbe ausgegangen ist. Nicht viele Leute gingen an solchen Morgen durch die schneegepolsterten Straßen: aber immer ein alter Mann mit rehbraunem Melonenhut, gelben Handschuhen und um jene Jahreszeit mit Schneegamaschen; der machte seinen Gesundheitsspaziergang zur weißen Spielwiese hin und wieder zurück, bei jeder Witterung, vom Weihnachtstag bis zum Jüngsten Tag. Und manchmal gingen auch zwei frische, junge Männer mit großen brennenden Pfeifen, ohne Überrock, aber mit windgebauschtem Schal wortlos hinunter zur verlorenen See, um sich einen rechtschaffenen Appetit zu verschaffen, um den Rausch und die Weindünste loszuwerden, oder wer weiß, vielleicht auch, um in die Wellen hineinzugehen, bis nichts mehr von ihnen übrig sein würde als die zwei geringelten Rauchwolken ihrer unauslöschlichen Pfeifen.

KLEINER JUNGE

Warum bist du nicht nach Hause gegangen, zum Weihnachtsessen?

SELBST

Aber ich bin ja nach Hause gegangen. Ich bin immer nach Hause gegangen. Ich war grade auf dem Heimweg, Hals über Kopf; und der Bratengeruch von anderer Leute Weihnachtsessen, der Geflügelgeruch, der Geruch von Brandy, Pudding und Minze stiegen mir alle zusammen in die Nasenlöcher; da plötzlich, aus einer schneeverbackenen Seitengasse kam ein Junge daher, mir spuckähnlich, mit einer Zigarette mit rosa Mundstück und mit dem violetten Andenken an ein blaues Auge im Gesicht, frech wie ein Distelfink, still vor sich hin grinsend. Ich haßte ihn auf den ersten Blick und Ton, und gerade als ich meine Hundepfeife an die Lippen führen und ihn damit vom Antlitz der Weihnachten einfach wegblasen wollte, setzte plötzlich er mit einem violetten Augenzwinkern *seine* Pfeife an *seine* Lippen und pfiff so durchdringend, so gellend, so unerhört laut, daß Mampfgesichter mit Backen voller Weihnachtsgans sich an ihre flitterbehangenen Fenster preßten, die ganze weiße widerhallende Straße lang!

KLEINER JUNGE

Was hast du zum Weihnachtsessen bekommen?

SELBST

Truthahn und brennenden Pudding.

KLEINER JUNGE

Wars gut?

SELBST

Nicht von dieser Welt!

KLEINER JUNGE

Was hast du nach dem Essen gemacht?

SELBST

Die Onkels saßen vor dem Feuer, nahmen ihre Kragen ab, knöpften sich alle Knöpfe auf, falteten ihre großen, feuchten Hände über ihren Uhrketten, ächzten ein wenig und schliefen ein. Die Mütter, Tanten und Schwestern huschten hin und her, mit Terrinen in der Hand. Der Hund übergab sich. Tantchen Beattie mußte drei Aspirin nehmen, aber Tantchen Hannah, die gern Port trank, stand mitten im verschneiten Hinterhof und sang wie eine Drossel mit schwellendem Busen. Ich blies gewöhnlich Ballons auf, um zu sehen, wie groß sie sich aufblasen ließen; und dann, wenn sie platzten, und sie platzten alle, dann zuckten die Onkels zusammen und grummelten. Am reichen, schweren Nachmittag, wenn die Onkels wie Delphine prusteten und der Schnee fiel, saß ich in der guten Stube unter Girlanden und chinesischen Lampions, naschte und nagte an Datteln, versuchte ein Modellkriegsschiff zusammenzubasteln, wobei ich mich an die *Anweisungen für kleine Ingenieure* hielt, und dabei kam etwas heraus, was man vielleicht für eine Straßenbahn halten konnte, die zur See fährt. Und dann, beim Weihnachtsnachmittagstee, hatten sich die Onkels erholt und waren fröhlich bei ihren Minzkuchen. Und die große Torte mit ihrem Zuckerguß erhob sich mitten auf dem Tisch wie ein Marmormausoleum. Tantchen Hannah versetzte ihren Tee mit Rum, weil es doch nur einmal im Jahr sei. Und dann, am Abend, gab es Musik. Ein Onkel spielte die Fiedel, ein Vetter sang *Cherry Ripe*, und ein anderer Onkel sang *Drake's Drum*. Es war sehr warm in dem kleinen Zimmer. Tantchen Hannah, die beim Rübenschnaps angelangt war, sang ein Lied von verschmähter Liebe und blutenden Herzen und Tod, und dann noch ein zweites Lied, in dem sie erklärte, daß ihr Herz wie ein Vogelnest sei, und dann lachten wieder alle, und dann ging ich zu Bett. Ich sah zu meinem Schlafzimmerfenster hinaus in den Mondschein und in den fliegenden, endlosen, rauchfarbigen Schnee, und ich konnte die Lichter in den Fenstern all der anderen Häuser auf unserem Hügel sehen und aus allen Häusern die Musik in die lange, gleichmäßig fallende Nacht aufsteigen hören. Ich drehte das Gaslicht niedrig, ich schlüpfte ins Bett. Ich sagte einige Worte zur engen, heiligen Finsternis, und dann schlief ich.

KLEINER JUNGE

Aber das hört sich alles an wie ganz gewöhnliches Weihnachten!

SELBST

Das wars auch.

KLEINER JUNGE

Weihnachten, als du ein kleiner Junge warst, war also gar nicht anders als Weihnachten jetzt?

SELBST

Doch, doch!

KLEINER JUNGE

Wieso war Weihnachten damals anders?

SELBST

Das darf ich dir nicht sagen.

KLEINER JUNGE

Warum darfst du es mir nicht sagen? Warum ist Weihnachten für mich anders?

SELBST

Das darf ich dir nicht sagen.

KLEINER JUNGE

Warum kann Weihnachten für mich nicht geradeso sein, wie es für dich war, als du noch ein Junge warst?

SELBST

Das darf ich dir nicht sagen … Das darf ich dir nicht sagen, weil jetzt Weihnachten ist.

Luise Rinser

Schaufel und Besen

Wenn ich mich recht erinnere, war ich acht Jahre alt, also in dem Alter, in dem Kinder meiner Generation noch fest daran glaubten, daß Weihnachtsgeschenke ohne Umweg vom Christkind kämen, und wenn der kleine, halbwache Verstand anfing zu bemerken, daß auch die Eltern nicht unbeteiligt waren, so half er sich noch eine Weile mit der Unterscheidung zwischen ganz richtigen Christkindgeschenken und solchen von Eltern und aus Geschäften. Ich wollte ein ganz richtiges Geschenk. Da ich nicht wie andere Kinder das Christkind für eine Art Zauber hielt, sondern durchaus richtig für die zweite göttliche Person, in Kindgestalt freilich, und da ich also füglich und richtig dieser Kindgestalt die gleiche göttliche Allwissenheit zuschrieb wie Gott dem Vater, so schien es mir überflüssig, sinnlos, ja häretisch (wenn ich auch dieses Wort noch nicht kannte, so doch die Sache), es erschien mir, wollte ich sagen, häretisch, diesem göttlich allwissenden Kinde meine Wünsche in einem Brief mitzuteilen, wie es üblich war. Ich, ganz spirituell, ich *dachte* meinen Wunsch. Ich dachte ihn neunmal hintereinander heftig, dann ließ ichs darauf ankommen. Neunmal dachte ich ihn, weil die Zahl neun, drei mal drei, bei mir schon von je eine Rolle spielte. Aber was wünschte ich denn so heftig? Eine kleine Kehrschaufel und einen Besen. Warum gerade das? Wer kann es wissen. Mir jedenfalls erschienen Schaufel und Besen für mein weiteres Leben unentbehrlich.

Der Heiligabend kam, Schaufel und Besen lagen nicht unter dem Christbaum. Ich gab nicht sofort auf, ich suchte und suchte, suchte unter dem Tisch, dem Sofa, im Nebenzimmer, vor dem Fenster. Die Eltern waren ratlos, dann ärgerlich, dann böse, denn ich schwieg, und meine Suche muß etwas Besessenes gehabt haben. Schließlich setzte ich mich auf einen Stuhl und blieb da sitzen, die Hände im Schoß, kerzengerade und stumm. Ich war gestorben, Weihnachten war gestorben. Die Eltern bedrängten mich immer stärker, und da dies mir lästig war und da mir ja nun ohnehin alles gleichgültig war, stand ich auf und begann, mit ihren Geschenken zu spielen. Ich wahrte Haltung, war stolz und spielte Stunde um Stunde mit den Spielsachen für ein richtiges Kind. Ein steinernes Kind tat, als spielte es, und täuschte die Eltern. Endlich war es Zeit, in die Mitternachtsmette zu gehen. Ich wurde warm verpuppt, bekam zwei runde, in der Ofenröhre erhitzte Bachkiesel in die Manteltaschen und eine kleine Sturmlaterne in die Hand, und wir gingen zur Kirche. Wir lebten auf dem Land, zwischen Chiemsee und Gebirge. Es lag Schnee, damals lag an Weihnachten immer Schnee, schön funkelnder, knirschender Schnee. Von überallher, von weither kamen die Bauern mit Stallaternen, schweigend, dampfend, mit großen Schritten, die Kinder voraus oder nebenher im Schnee, in den Taschen die Knallfrösche und bengalischen Zündhölzer für den Heimweg. Wer ist auf dem Dorf aufgewachsen und sehnt sich nicht sein Leben lang danach, noch einmal Kind zu sein, dort und für diese eine Nacht? Aber das Kind, das ich damals war, das war aus Stein. Es hatte Haltung, es ging brav zur Kirche, um pflichtgemäß jenes Kind anzubeten, dessen Allwissenheit oder Allmacht anzuzweifeln es allen Grund zu haben glaubte. In der Kirche war es schön wie immer an Weihnachten, das Schiff im Dunkel, die Krippe am Altar im Licht, und mein Vater spielte die Orgel zum Hochamt, es war eine sehr große und schöne Orgel, sie ist es heute noch, die Orgel in Übersee am Chiemsee. Aber all das zählte nicht. Ich kniete, steinern, ein Steinengel auf einem Kindergrab, eine gefährliche Stunde lang, die entscheiden konnte über ein ganzes Menschenleben. Wer konnte wissen, wie tief dieser erste echte Glaubenszweifel reichte? Das Amt ging zu Ende, und wie immer spielte mein Vater zum Auszug etwas von Bach. Damals war es eine große Fuge, das kannte die musikalische Kleine, denn sie spielte ja selbst längst Klavier und Harmonium. Sie horchte auf. Diese Musik stieß hart an den harten Stein. Der Stein aber wollte nicht aufgesprengt werden, er hielt sich trotzig. Aber die Musik ließ nicht nach, sie bohrte den Stein von allen Seiten an, drang zuletzt vor bis ins Herz des steinernen Engels. Er weinte nicht, so leicht weinte der nicht, aber er ergab sich, anders ist es nicht zu sagen. Und da, unerwartet einbrechend durch alle Schmerzkanäle, kam Weihnachten. Alles war plötzlich da: Kerzen, die Krippe, das Kind im Stall, Sterne, groß und hart funkelnd vor den Spitzbogenfenstern, und »Stille Nacht, heilige Nacht«, alle Süßigkeit, Weihnacht unverletzt, und mitten darin, zu einem Nichts aus Licht geworden, der Schmerz um Schaufel und Besen, der kein Schmerz mehr war, nur mehr eine flüchtige Erinnerung und der ebenso flüchtige Einfall, daß ich ja Tante Fanny bitten konnte, mir Schaufel und Besen zu kaufen, wenn, ja *wenn* mir der Sinn noch danach stehen sollte nach dieser Nacht, in der ich Schaufel und Besen überwachsen hatte.

Leo Tolstoi

Wo Liebe ist, da ist Gott

In einem einfensterigen Stübchen im Erdgeschoß wohnte der Schuster Martyn Awdejewitsch; das Fenster ging auf die Straße. Durch das Fenster konnte man sehen, wie die Leute vorüber gingen. Obgleich nur die Füße zu sehen waren, erkannte Martyn Awdejewitsch die Menschen an den Stiefeln. Seit langer Zeit lebte er hier und hatte eine große Bekanntschaft; es gab nur wenige Stiefel in der Nachbarschaft, die nicht ein- oder zweimal in seinen Händen gewesen wären. Oft sah er aufwärts bei seiner Arbeit durch das Fenster. Er hatte viel zu tun, denn seine Arbeit war dauerhaft, er nahm gutes Material, sein Preis war mäßig, und er hielt Wort: Vermag er den bestimmten Termin nicht einzuhalten, so sagt er's im voraus. Ein guter Mensch war er stets gewesen; wie er älter wurde, begann er mehr als früher an seine Seele zu denken und sich Gott zu nähern. Als er noch bei einem Meister arbeitete, war seine Frau gestorben. Sie hatte ihm ein Kind hinterlassen, einen Knaben von drei Jahren; die älteren Kinder waren früher gestorben. Martyn wollte das Söhnchen in das Dorf zu seiner Schwester schicken, er dachte aber: Meinem Kapitoscha wird es schwer fallen, in fremder Familie aufzuwachsen, ich lasse ihn bei mir. Und Awdejewitsch ging von dem Meister fort und wohnte mit dem Söhnlein zur Miete. Gott aber gab Awdejewitsch in seinen Kindern kein Glück. Als der Knabe heranwuchs und dem Vater zu helfen begann, daß es eine wahre Freude war, befiel ihn eine Krankheit – er fieberte ein Wöchelchen, und dann starb er. Martyn begrub seinen Sohn und fiel in Verzweiflung. Und so wild war seine Verzweiflung, daß er auf Gott murrte; so eine Wehmut kam über ihn, daß er immer und immer wieder Gott um den Tod bat; daß er Gott vorwarf, statt des einzigen geliebten Sohnes nicht ihn, den alten Mann, zu sich genommen zu haben. Er ging sogar nicht mehr in die Kirche.

Einst sprach bei Awdejewitsch ein Landsmann vor, ein alter Mann, der schon das achte Jahrzehnt pilgerte und eben vom Trotzkij-Kloster kam. Im Laufe des Gespräches klagte Awdejewitsch seinen Kummer.

»Die Lust zum Leben ist mir sogar vergangen, nur um eins bitte ich Gott – zu sterben. Ich bin ein nutzloser Mensch.«

Der Landsmann entgegnete:

»Du sprichst nicht gut, Martyn. Gottes Tun zu beurteilen geziemt uns nicht. Nicht Menschenverstand, es gebeut Gottes Wille allzeit. Gott hat beschlossen, dein Sohn solle sterben, dich aber ließ er am Leben – also ist es besser so. Und wenn du verzweifelst, so ist es deshalb, daß du leben willst zu deiner Freude.«

»Wozu leben?« seufzte Martyn.

Der Alte sagte:

»Für Gott, Martyn, muß man leben. Er gibt dir das Leben, für ihn muß man auch leben. Wenn du für ihn lebst, wirst du über nichts trauern, und alles erscheint dir leicht.«

Nach kurzem Schweigen ließ sich Martyn vernehmen: »Aber wie lebt man für Gott?«

»Christus hat es uns gezeigt. Kannst du lesen, so kaufe dir das Evangelium und lies. Du wirst erkennen, wie man für Gott lebt.«

Diese Worte fielen in das Herz Awdejewitschs. Noch am selben Tag kaufte er das neue Testament mit großer Schrift und begann zu lesen.

Er wollte nur an Feiertagen lesen; aber das heilige Buch gab ihm solchen Frieden, daß er jeden Abend las. Manchmal vertiefte er sich so, daß er sich nicht losreißen konnte, wenn auch die Lampe schon am Verlöschen war. Und je mehr er las, je klarer wurde es ihm, was Gott von ihm wolle und wie man für Gott leben müsse; und er fühlte sich leichter und leichter auf dem Herzen. Vordem, wenn er sich niederlegte, stöhnte er und gedachte Kapitoschas; jetzt aber sagte er: Dir sei Preis, Herr, Dein Wille geschehe. Seit dieser Zeit war das ganze Leben Awdejewitschs verändert. An Feiertagen kehrte er früher manchmal im Kruge ein, trank Tee, ab und zu nahm er auch ein Schnäpschen. Mit einem Bekannten trank er zusammen – war er auch nicht gerade betrunken, so trat er doch stets aus dem Kruge mit einem leichten Rausch und sprach nichtige Worte: fand alles zu tadeln und beurteilte lieblos seinen Nächsten. Jetzt aber war eine Wandlung vor sich gegangen. Er führte ein ruhiges und freudiges Leben. Morgens ging er an die Arbeit und schaffte rüstig den Tag über. Dann nimmt er die Lampe vom Haken, stellt sie auf den Tisch, holt vom Regal das Buch, schlägt es auf und setzt sich nieder zum Lesen. Je mehr er liest, je mehr begreift er; klarer, heiterer wird es ihm auf der Seele.

Wieder einmal hatte sich Martyn bis spät in die Nacht in sein Lesen vertieft. Er las im Evangelium des Lukas das sechste Kapitel und kam an die Verse: Und wer dich schlägt auf einen Backen, dem biete den andern auch dar; und wer dir den Mantel nimmt, dem wehre nicht auch den Rock. – Wer dich bittet, dem gib; und wer dir das deine nimmt, da fordere es nicht wieder. – Und wie ihr wollt, daß euch die Leute tun sollen, also tut ihnen gleich auch ihr. Weiter las er die Verse, wo der Herr spricht: Was heißet ihr mich aber Herr, Herr, und tut nicht, was ich euch sage? – Wer zu mir kommt und höret meine Rede und tut sie, den will ich euch zeigen, wem er gleich ist. – Er ist gleich einem Menschen, der ein Haus bauete, und grub tief und legte den Grund auf den Fels. Da aber Gewässer kam, da riß der Strom zum Hause zu und mochte es nicht bewegen; denn es war auf den Fels gegründet. – Wer aber höret und nicht tut, der ist gleich einem Menschen, der ein Haus bauete auf die Erde ohne Grund; und der Strom riß zu ihm zu, und es fiel bald, und das Haus gewann einen großen Riß.

Awdejewitsch las diese Worte, und es wurde ihm so heiter auf der Seele. Er nahm die Brille ab, legte sie auf das Buch, lehnte sich an den Tisch und wurde nachdenklich. Und er begann sein Leben diesen Worten anzupassen.

Ist mein Haus auf Stein oder auf Sand gebaut? denkt er bei sich. Gut, wenn es auf Stein ruht – und es läßt sich so leicht an, wenn man allein ist, dann scheint es, als ob man alles verrichtet habe, wie Gott befohlen. Zerstreut man sich aber, so sündigt man von neuem. Ich will streben, des Höchsten Willen zu tun. Es ist zu schön. Gott helfe mir! Mit diesen Gedanken wollte er sich niederlegen, aber es tat ihm leid, sich von dem Buche loszureißen, und er begann das siebente Kapitel zu lesen. Er las von des Hauptmanns Knecht, dem Jüngling zu Nain, er las die Antwort, welche Jesus den Jüngern Johannes des Täufers gab, er las die Stelle, wo der reiche Pharisäer den Herrn bat, daß er mit ihm äße, wie Er die Sünderin rechtfertigte, die seine Füße salbte und mit Tränen benetzte – und er kam bis zum vierundzwanzigsten Vers und las: Und er wandte sich zu dem Weibe und sprach zu Simon: Siehest du dies Weib? Ich bin kommen in dein Haus: du hast mir nicht Wasser gegeben zu meinen Füßen; diese aber hat meine Füße mit Tränen genetzet und mit den Haaren ihres Hauptes getrocknet. – Du hast mir keinen Kuß gegeben; diese aber, nachdem sie herein kommen ist, hat sie nicht abgelassen, meine Füße zu küssen. – Du hast mein Haupt nicht mit Öl gesalbet; sie aber hat meine Füße mit Salben gesalbet.

Er las diese Verse und dachte: die Füße hat er nicht mit Wasser benetzt, keinen Kuß hat er gegeben, das Haupt nicht gesalbt …

Wieder nahm er die Brille ab, legte sie auf das Buch und vertiefte sich in seine Gedanken.

Der Pharisäer war, wie ich vermute, wohl ein ebensolcher wie ich – daran denke ich: daß ich meinen Tee habe, daß ich gewärmt bin, daß ich mich pflege; aber auf meinen Nächsten achte ich nicht. Mich vergesse ich nicht, aber für den Gast treffe ich keine Sorge. Und wer ist der Gast? Der Herr selber. Kehrte er bei mir ein – würde ich so handeln?

Er stützte seinen Kopf auf beide Hände und bemerkte nicht, daß er einduselte.

Martyn! hörte er plötzlich ganz leise neben sich rufen.

Schlaftrunken reckte sich Martyn und fragte: Wer da? Er blickte sich um, sah auf die Tür – niemand war da. Wieder duselte er ein. Deutlich vernahm er die Worte: Martyn, Martyn! Blicke morgen auf die Straße, ich werde kommen.

Martyn erwachte, stand vom Stuhl auf und rieb sich die

Augen. Er wußte nicht: hatte er diese Worte im Traum oder in Wirklichkeit gehört? Nachdem er die Lampe ausgelöscht hatte, legte er sich schlafen.

Früh am Morgen erhob sich Awdejewitsch, betete, heizte an, schob Kohlsuppe und Grütze in den Ofen, stellte die Teemaschine auf, band seine Schürze vor und setzte sich an das Fenster zum Arbeiten. Bei der Arbeit denkt er an das, was er am Abend durchlebt. Hörte er die Stimme im Traum oder erklang sie ihm in Wirklichkeit?

Er blickt mehr durch das Fenster, als daß er arbeitet. Kommt jemand vorüber in unbekannten Stiefeln, so biegt er sich weit vor, um nicht die Füße allein, sondern auch das Gesicht zu sehen. In neuen Filzstiefeln ging der Hausknecht vorüber, dann kam der Wasserträger, und bald stellte sich der alte nicolajewsche Soldat in ganz alten, geflickten Filzstiefeln, eine Schaufel in den Händen, vor das Fenster. An den Filzstiefeln erkannte ihn Awdejewitsch. Den Alten nannte man Stepanitsch. Er aß bei einem Kaufmann das Gnadenbrot und mußte dem Hausknecht Hilfe leisten. Stepanitsch fing an, vor dem Fenster Schnee zu schaufeln. Awdejewitsch sah ihm zu, dann nahm er wieder seine Arbeit vor.

Ganz närrisch bin ich auf meine alten Tage geworden, lachte Awdejewitsch sich selbst aus. Stepanitsch schaufelt Schnee, und ich denke, Christus kommt zu mir. Ich bin wahrhaftig ein närrischer alter Kauz. Nachdem er an die zehn Stiche gemacht, drängt es ihn, wieder durch das Fenster zu blicken: Stepanitsch hatte die Schaufel an die Wand gelehnt – er wärmt seine Hände oder ruht sich aus.

Ein alter, gebrochener Mann, er scheint nicht mehr die Kraft zum Schaufeln zu haben. Awdejewitsch dachte: soll ich ihm nicht Tee geben? Die Teemaschine fängt schon an überzulaufen. Er steckte die Ahle ein, erhob sich, stellte die Teemaschine auf den Tisch, machte Tee und klopfte an das Glas. Stepanitsch sah sich um und näherte sich dem Fenster. Awdejewitsch winkte ihn zu sich und ging, die Tür aufzumachen.

»Komm herein, wärme dich – dir ist wohl sehr kalt?« fragte er.

»Christus stehe uns bei! Die Knochen schmerzen«, entgegnete Stepanitsch.

Er trat ein, schüttelte sich den Schnee ab und wischte sich die Füße; sein Gang war unsicher.

»Mühe dich nicht ab, deine Füße zu reinigen«, rief ihm Awdejewitsch entgegen, »setze dich, trinke Tee.«

Awdejewitsch goß zwei Gläser ein, schob das eine dem Gast zu, von seinem Tee goß er auf die Untertasse und begann zu blasen.

Stepanitsch trank sein Glas leer, stellte es hin, mit dem Boden nach oben, legte das Stück Zucker, das er beim Trinken benagt hatte, auf den Tisch und dankte. Wie indes zu bemerken war, hätte er gern noch ein Glas gehabt. »Trinke«, forderte Awdejewitsch den Stepanitsch auf und goß sich und dem Gaste ein.

Awdejewitsch trank seinen Tee und blickte dabei auf die Straße.

»Du erwartest jemanden?« erkundigte sich der Gast.

»Ob ich jemanden erwarte? Ich muß mich schämen, zu sagen, wen ich erwarte. Ich warte auf etwas, und ich warte auch nicht ... aber ein Wort ist mir in die Seele gefallen ... ich hatte eine Erscheinung ... ach ich weiß selber nicht. Siehst du, Brüderchen, gestern habe ich das Evangelium vom Herrn Christus gelesen, wie er auf Erden ging. Du hast's doch wohl gehört?«

»Gehört wohl. Aber wir sind dunkle Leute, können nicht lesen.«

»Nun, ich habe eben gelesen, wie er auf Erden ging ... wie er zu dem Pharisäer kam, weißt du, und der empfängt ihn ohne Feier. Und ich denke, während ich lese, daß er den Herrn Christus nicht mit aller Ehre empfangen habe: Geschähe es mir, denke ich, ich wüßte gar nicht, was alles ich tun sollte, um ihn zu empfangen. Ich dachte darüber nach und duselte ein. Und wie ich duselte, höre ich mich beim Namen rufen; ich erhebe mich, und es ist mir, als höre ich flüsternde Worte: Warte, ich komme morgen. Und so geschah es zweimal. Ich muß mich selber auslachen – aber dennoch erwarte ich den Herrn.«

Stepanitsch sagte nichts, trank seinen Tee aus und legte das Glas hin, Awdejewitsch aber stellte es wieder aufrecht und goß ein.

»Trinke zur Gesundheit. Ich meine, daß unser Herr, als er auf Erden wandelte, keinen verachtete und zumeist mit einfachem Volk umging. Aus unsereinem nahm er am liebsten seine Jünger, aus Arbeitsleuten, aus solchen, wie wir sind. Wer sich erhebt, sagte er, der soll erniedrigt werden, und wer sich erniedrigt, der soll erhöht werden. Ihr, so redete er, nennt mich den Herrn, und ich werde euch die Füße waschen. Wer der erste sein will, soll allen ein Diener sein. Selig sind die Armen, die Demütigen, die Sanftmütigen, die Milden.«

Stepanitsch dachte nicht an sein Glas, er war ein alter, weichgestimmter Mensch. Er sitzt, hört zu, und über sein Gesicht fließen Tränen.

»Trinke noch«, sagte Awdejewitsch, aber Stepanitsch bekreuzte sich, dankte, schob sein Glas fort und stand auf.

»Ich danke dir, Martyn Awdejewitsch, du tatest mir wohl, hast Seele und Körper gesättigt.«

»Kehre ein andermal wieder bei mir ein, Stepanitsch.«

Stepanitsch ging fort. Martyn goß sich den letzten Tee

ein, trank aus, räumte das Geschirr auf und machte sich daran, einen vertragenen Schuh zurechtzuflicken. Während der Arbeit blickte er durch das Fenster – er wartet auf Christus, denkt immer an ihn, an seine Reden und Taten.

Zwei Soldaten gingen vorüber, einer in Regimentsstiefeln, der andere in seinen eigenen: dann kam, in sauber geputzten Galoschen, der Wirt des Nachbarhauses; ein Bäcker mit einem Korbe folgte. Bald kam ein Weib in wollenen Strümpfen und Dorfschuhen. Sie blieb am Fensterpfeiler stehen. Awdejewitsch blickte auf; er sieht ein fremdes Weib, schlecht gekleidet, ein Kind auf dem Arm; es stellt sich an die Wand, mit dem Rücken gegen den Wind, und wickelt das Kind ein – und hat doch nichts zum Einwickeln. Durch das Fenster hört Awdejewitsch das Kind schreien; sie will es beruhigen und kann es gar nicht beruhigen. Awdejewitsch ging zur Tür und rief von der Treppe aus.

»Gute Frau, gute Frau!«

Das Weib sah sich um.

»Was stehst du da mit dem Kindchen in der Kälte? Komm in die Stube, in der Wärme wirst du es besser einwickeln können. Da – hierher.«

Verwundert sah ihn das Weib an – ein alter Mann mit einer Schürze und einer Brille auf der Nase ruft sie zu sich. Sie folgte ihm in die Stube, und der Alte führte sie zum Bett.

»Hierher setze dich, gute Frau, näher dem Ofen; erwärme dich und stille das Kind.«

»Hab' keine Milch in der Brust, seit dem Morgen habe ich nichts gegessen«, sagte das Weib, legte aber dennoch das Kind an die Brust.

Bedauernd schüttelte Awdejewitsch den Kopf, ging zum Tisch, holte Brot und einen Napf, öffnete die Ofentür, goß in den Napf Kohlsuppe und nahm auch den Topf mit der Grütze heraus; da dieselbe aber noch nicht gar war, goß er nur Suppe ein und stellte sie auf den Tisch. Auch nahm er vom Haken das Handtuch und breitete es aus.

»Setz dich«, sagte er, »und iß, gute Frau. Mit dem Kinde werde ich inzwischen sitzen. Ich habe eigene Kinder gehabt und verstehe sie zu warten.«

Das Weib bekreuzte sich, setzte sich an den Tisch und begann zu essen. Awdejweitsch setzte sich auf das Bett zu dem Kinde. Er schmatzt und schmatzt – aber es schmatzt sich schlecht, denn er hat keine Zähne. Das Kind hörte nicht auf zu schreien. Da dachte sich Awdejewitsch aus, den Schreihals mit dem Finger zu beruhigen – er führt einen Finger gerade zu dessen Munde und wieder zurück; aber in den Mund gibt er ihm den Finger nicht, denn derselbe ist von Pech ganz schwarz. Und das Kind betrachtete den Finger, beruhigte sich und fing sogar an zu lachen. Awdejewitsch freute sich darüber. Und das Weib ißt und erzählt, wer sie ist und wohin sie gegangen war.

»Ich bin eine Soldatenfrau«, sagte sie, »vor acht Monaten hat man meinen Mann fortgebracht, weit von hier, und seit dieser Zeit erhielt ich kein Lebenszeichen von ihm. Während ich einen Dienst als Köchin hatte, kam ich nieder. Mit dem Kinde wollte man mich nicht behalten. Schon den dritten Monat schlage ich mich ohne Stelle durch, habe alles fortbringen müssen, was ich hatte. Ich wollte als Amme dienen, aber man nimmt mich nicht – ich sei zu mager, sagt man. Eben war ich zu einer Kaufmannsfrau gegangen; bei der dient ein Weib aus unserem Dorfe; man hatte versprochen, mich zu nehmen, und ich dachte, ich würde gleich dableiben können; aber sie befahl mir, in der nächsten Woche zu kommen, und sie wohnt so weit, ich bin ganz abgemattet, und auch das Kind ist so geschwächt. Gott sei Lob, daß die Wirtin Mitleid hat – sie hält uns um Christi willen im Quartier, sonst wüßte ich nicht, wie zu leben.«

Awdejewitsch seufzte und sagte:

»Du hast wohl auch keine warme Kleidung?«

»Wie sollte ich warme Kleidung haben, Väterchen. Gestern mußte ich das letzte Tuch für einen Dwugriwennyj (20 Kopeken) versetzen.«

Sie ging zum Bett und nahm das Kind. Awdejewitsch stand auf und holte von der Wand einen alten Halbrock. »Nimm«, sagte er. »Zwar ist es ein schlechtes Stück, aber zum Einwickeln wird es noch taugen.«

Das Weib sah auf das Kleidungsstück und auf den Alten, nahm den Halbrock und weinte. Awdejewitsch duckte sich auf die Diele, schob den Kasten unter dem Bett vor, wühlte darin und setzte sich wieder zu dem Weibe.

»Christus beschütze dich«, hub sie an. »Er hat mich wohl an dein Fenster geschickt, Väterchen. Ohne dich würde mein Kind erfroren sein. Als ich fortging, war es warm, und jetzt ist die Kälte gekommen. Er, der Herr, hat dich gelehrt, durch das Fenster zu blicken und mit mir Elenden Mitleid zu haben.«

Lächelnd entgegnete Awdejewitsch:

»Er hat mich gelehrt, gute Frau. Nicht, um den Tag dem lieben Herrgott zu stehlen, blicke ich durch das Fenster.« Und Martyn erzählt auch der Soldatenfrau seinen Traum: wie er die Stimme gehört und der Herr versprochen, noch heute zu ihm zu kommen.

»Es kann so geschehen«, meinte das Weib, stand auf, nahm den Halbrock, wickelte das Kind darin ein, verbeugte sich zum Danke und immer wieder dankte sie.

»Nimm um Christi willen«, sagte Awdejewitsch und reichte ihr, damit sie das Tuch einlöse, einen Dwugriwennyj.

Sie bekreuzte sich, auch Awdejewitsch bekreuzte sich und geleitete sie hinaus.

Als das Weib gegangen war, aß Awdejewitsch seine Kohlsuppe, räumte ab und setzte sich wieder zur Arbeit. Und während der Arbeit denkt er immer an das Fenster. Wie es zu dunkeln beginnt, späht er hinaus, wer wohl vorüber gehe. Bekannte und Fremde gingen vorüber – nichts Besonderes war dabei. Jetzt bleibt gerade vor seinem Fenster ein altes Hökerweib stehen. Sie trägt einen Korb mit Äpfeln; es waren nur wenig geblieben; sie hatte fast alle verkauft; über die Schulter hängt ihr ein Sack mit Spänen – wahrscheinlich hatte sie dieselben auf einem Bau gesammelt, und nun geht sie nach Hause. Aber der Sack drückte ihr wohl die Schulter ab; sie wollte ihn über die andere Schulter hängen, weshalb sie ihn auf das Trottoir niederließ; auch der Korb mit den Äpfeln setzte sie ab und schüttelte die Späne im Sack. Währenddes rannte ein Junge mit zerrissener Mütze herbei, griff aus dem Korb einen Apfel und wollte fortlaufen. Die Alte bemerkt ihn, dreht sich um und faßt den Jungen am Ärmel. Der Junge duckt sich, will entschlüpfen, die Alte aber packt ihn fester, wirft ihm die Mütze ab, zaust ihn am Haar. Der Junge schreit, das Weib schimpft.

Awdejewitsch hatte nicht Zeit, die Ahle einzustecken, er wirft sie auf die Diele und springt zur Tür hinaus, wobei er stolpert, so daß die Brille abfällt. Wie er auf die Straße kommt, hat die Hökerin den Jungen gerade am Schopf, sie schimpft und will ihn zur Polizei führen. Der Junge müht sich aus Leibeskräften, um loszukommen.

»Ich habe nichts genommen«, plärrt er. »Weshalb schlägst du mich? Laß mich los.«

Awdejewitsch versucht, sie auseinander zu bringen, er faßt den Jungen bei der Hand und sagt:

»Laß ihn, Mütterchen, verzeihe ihm um Christi willen.«

»Ich werde ihm so verzeihen, daß er's braun und blau haben soll. Der Lümmel muß auf die Polizei.«

Awdejewitsch bat:

»Laß ihn laufen, Mütterchen, er wird's in Zukunft nicht wieder tun. Gib ihn frei um Christi willen.«

Die Alte ließ ab, der Junge wollte sich fortmachen, aber Awdejewitsch hielt ihn zurück.

»Bitte das Mütterchen um Verzeihung und künftig tu's nicht wieder. Ich habe gesehen, wie du den Apfel genommen hast.«

Der Junge weinte und bat um Verzeihung.

»So ist's recht, hier hast du einen Apfel.«

Und Awdejewitsch nahm aus dem Korb einen Apfel und gab ihn dem Jungen.

»Ich werd' ihn dir bezahlen«, sagte er dabei.

»Verwöhnst sie, diese Taugenichtse«, rief die Alte. »Man muß ihn so belohnen, daß er eine Woche lang nicht sitzen kann.«

»Eh Mütterchen, Mütterchen, so würde es sein, wenn es nach uns ginge. Aber nach Gottes Willen ist es nicht so. Was sollte wohl, wenn man ihm wegen eines Apfels die Rute gäbe, mit uns geschehen für unsere Sünden?«

Und er erzählte der Alten das Gleichnis, wie der Gutsherr dem Zinsbauern die ganze Schuld erließ und der Zinsbauer ging hin und begann, seinen Schuldner zu würgen. Die Alte horchte auf, auch der Junge hörte zu.

»Gott befahl, zu vergeben«, sagte Awdejewitsch, »sonst wird auch uns nicht vergeben werden. Allen muß man verzeihen, und dem Unvernünftigen um so mehr.«

Die Alte nickte und seufzte:

»Ja, ja, aber sie sind zu unbändig geworden.«

»So müssen wir, Alte, sie belehren.«

»Auch ich sage ja so. Hatte selbst sieben Kinder – nur eine Tochter ist mir geblieben.«

Die Alte erzählte, wo und wie sie bei ihrer Tochter lebt, wie viele Enkel sie hat.

»Wenn ich auch nicht mehr viel Kraft habe, so mühe ich mich doch noch ab. Die Enkel tun einem leid, es sind gute Kinder; so herzig wie sie ist keiner zu mir. Besonders Akßjutka läßt gar nicht von mir ab. Großmutter, traute Großmutter ...« Die Alte wurde ganz weich. »Es ist ja nur eine Kinderei mit dem Jungen da. Gott mit ihm.«

Bei diesen Worten wirft sie den Sack über die Schulter. Der Junge springt herzu und sagt:

»Laß mich den Korb tragen, Großmütterchen, wir haben denselben Weg.«

Nebeneinander gingen sie jetzt auf der Straße. Die Alte hatte vergessen, das Geld für den Apfel zu fordern. Awdejewitsch sah ihnen nach und hörte, wie sie zusammen sprachen.

Als sie fortgegangen waren, kehrte Awdejewitsch zurück, fand die Brille auf der Treppe nicht zerbrochen, nahm die Ahle und setzte sich wieder an seine Arbeit. Er arbeitete ein wenig, die Dunkelheit hatte sich schon recht bemerklich gemacht. Der Anstecker ging vorüber und steckte die Laterne an. Es ist Zeit, Licht anzuzünden, dachte Awdejewitsch, machte sein Lämpchen zurecht, hing es auf und arbeitete wieder. Einen Stiefel machte er fertig, beguckte ihn von allen Seiten und sah, daß er gut war. Er legte seine Instrumente zusammen, fegte aus, stellte die Lampe auf den Tisch und holte vom Regal das Evangelium. Wo er gestern einen Saffianschnitzel eingelegt hatte, wollte er das Buch aufmachen, aber es schlug sich an einer anderen Stelle auf. Und wie das heilige Buch aufgeschlagen vor ihm lag, entsann er sich des gestrigen

Traumes. Und da war es ihm plötzlich, als höre er hinter sich Schritte. Er schaut sich um und sieht: Menschen stehen in der dunklen Ecke, aber er vermag sie nicht zu erkennen. Und eine Stimme flüstert ihm ins Ohr:

Martyn, Martyn! Hast du mich nicht erkannt?

Wen? fragte Awdejewitsch.

Mich, sagte die Stimme. Ich bin es.

Und es trat aus der dunklen Ecke Stepanitsch – er lächelte und zerrann wie ein Wölkchen.

Das bin ich auch, sagte die Stimme, und aus der dunklen Ecke trat das Weib mit dem Kindchen – das Weib lächelte und zerrann wie ein Wölkchen.

Das bin ich auch, sagte die Stimme, und es näherte sich die Alte mit dem Knaben – der Knabe hielt den Apfel, beide lächelten und verschwanden.

Fröhlich war es Awdejewitsch auf der Seele, er bekreuzte sich, setzte die Brille auf und las im Evangelium, wo es aufgeschlagen war. Oben auf der Seite las er Matthäus 25: Denn ich bin hungrig gewesen, und ihr habt mich gespeiset. Ich bin durstig gewesen, und ihr habt mich getränket. Ich bin ein Gast gewesen, und ihr habt mich beherberget. Und unten auf der Seite las er noch; Wahrlich, ich sage euch: Was ihr getan habt einem unter diesen meinen geringsten Brüdern, das habt ihr mir getan. Und Awdejewitsch begriff, daß der Traum ihn nicht betrogen, daß zu ihm an diesem Tage sein Heiland gekommen war und er ihn empfangen hatte.

Colette

Weihnachtsgeschenke

Eher sorgenvolle als verheißungsvolle Erinnerungen wachrufend, leuchtet dieses Wort wie eine zitternde Eisblume über der düsteren Vorhalle, die sich sogleich öffnen wird ... Gestehen wir es uns doch ein: wir, die wir geben und kaum noch empfangen, wir, die Eltern, wir, die reifen Freunde, fühlen uns erregt durch eine alljährliche innere Unruhe. Und die ist auch begründet. Das anspruchsloseste unserer Mündel, das jüngste unserer Kinder wird seine Wünsche vielleicht auf ein Fahrrad beschränken! Unsere Epoche ist schrecklich! Das noch lispelnde Baby wünscht sich sehnlichst eine Kamera. »Du weißt, mein Citroën läßt auf sich warten!« eröffnet uns die Erstkommunikantin. »Was wünscht du dir zu Neujahr?« fragte ein Pate seine achtjährige Patentocher. Sie schaute zu ihm auf mit blauen, ganz kindlichen Augen, die die Welt erst zu entdecken schienen, und antwortete arglos: »Ein Schlafzimmer, meins ist abgenutzt.«

Ich kenne Eltern, die fassungslos seufzen angesichts

eines Sprößlings, der mit zehn Jahren einen Pelz, mit zwölf ein Auto und mit fünfzehn eine Perlenkette verlangt. Gewissenhaft befragen sie sich und suchen nach den Verantwortlichen für diese Frühreife, die einer Perversion gleichkommt. »Zu unserer Zeit ...«

Aus Höflichkeit nicke ich zustimmend. Aber ich weiß nichts von »ihrer« Zeit und sie nichts von der meinen. Ich weiß, daß sich für mich »Neujahr« nicht mit Worten wie Geschenke, Besuche, Läden, Glückwünsche ohne Wärme und leere Taschen übersetzen ließ ...

Leer waren sie, beinahe, die Taschen und Hände derer, von denen ich dennoch alles Wohlwollen und alle Gaben erhielt. Aber sie vollbrachten Wunder bei ihren begrenzten Möglichkeiten. Der frühe, über der Schneedecke rote Morgen des ersten Januar war noch nicht angebrochen, da erwärmten schon die für die Armen gebackenen hundert Pfund Brot die gekachelte Küche meines Geburtshauses, und die hundert bronzenen Zehn-Centimes-Münzen klingelten in einem Korb. Ein Pfund Brot, ein Zehner und unsere bescheidenen Armen von damals machten sich zufrieden auf den Heimweg und grüßten mich mit meinem Kosenamen. Aufrecht auf meinen hohen Holzschuhen stehend, verteilte ich ernst das abgewogene Brot und das Geld; ich roch auf meinen Händen den anregenden Duft der frischen Krume; heimlich leckte ich den Mehlstaub vom schildförmigen Leib eines zwölfpfündigen Brotes. Getreu begleitet der Duft des frischen Brotes in meiner Erinnerung den Schrei der Hähne unter dem roten Balken der Morgendämmerung mitten im Winter und die Varianten der Trommelstöcke, die der Ausrufer vor der Freitreppe für meinen Vater spielte. Wie sehr wärmt diese Erinnerung an ein eisiges Fest ohne andere Geschenke als einige Bonbons, Mandarinen

in silbernem Gewand, ein Buch … noch immer mein Herz. Am Silvesterabend hatten der traditionelle Kuchen, der gegen zehn Uhr aufgetragen wurde und der mit einer siedendheißen Sauce aus Rum und Apricot begossen war, und eine Tasse blassen, duftenden Tees das Aufbleiben gerechtfertigt. Knackendes, tanzendes Feuer, umherliegende Bücher, Seufzer der eingeschlafenen Hunde, hin und wieder ein Wort – woraus schöpfte mein Herz und das der Meinen nur seine Freude? Und wie dieses Glück ohne äußeren Glanz, dieses Glück mit heimlicher Flamme unseren Kindern von heute vermitteln? Wer hat sie nur so gierig, so blasiert gemacht? Das moderne Leben, unsere gewinnsüchtige Epoche und wir selbst … Wir selbst, denn unsere Schuld beginnt mit unserer ersten Unterlassung, mit der ersten Scham, die ihr folgte und aus unserem tiefsten Inneren protestierte: »In dem Augenblick, da du deinem Kind deine Anwesenheit, deinen Rat, deinen klugen Beistand schuldetest, hast du dein Versagen durch ein Geschenk zu vertuschen versucht, während du doch mit dir selbst hättest bezahlen müssen … Und dann hast du wieder von vorn angefangen …«

Auf diese billige Art und Weise fühlen wir uns gegenüber den jüngeren Generationen überlegen, schütteln den Kopf und stellen fest: »Als wir so alt waren wie diese Kinder, freuten wir uns über ein Nichts, über den immer gleichen Kuchen, über den immer gleichen, kleinen Baum, über einen immer gleichen Ablauf von Gefühlsäußerungen und Wünschen …«

Ach ja, immer das gleiche. Wer hat denn von uns verlangt, anders zu werden? Das Kind fürchtet aus Sentimentalität und weil es grundsätzlich den Weg des geringsten

Widerstands geht, alles, was einer bestimmten Erinnerung, einem Bild, von dem sein unerbittliches Gedächtnis jede Einzelheit wachhält und hegt, Schaden zufügt. Suchte ich damals nicht mit Kennerzunge im alljährlichen, von

Rosinen gefleckten Kuchen genau den gleichen Geschmack des Kuchens vom vorigen Jahr wieder? Rief ich nicht die bleibenden Farben des Teppichs und des Lampenschirms, das Gewinsel des Westwinds unter der Tür, den Duft eines schönen, neuen Buches, die körnige Oberfläche seines ein wenig staubigen Einbands der Steigerung meiner Sinneseindrücke zu Hilfe?

Freude der fünf Sinne! Solche Wonnen, die man heidnisch nennen würde, erschaffen eine häusliche Religion, und die Seele wärmt sich an der kleinsten Flamme, wenn sie beharrlich brennt. Eltern, baut für eure noch tolpatschigen Kleinen um eure Gesichter, die sie nicht altern sehen, zu Weihnachten eine Szenerie auf, der die Zeit kaum etwas anhaben kann. Unwichtig, daß es dabei an Prunk mangelt. Aber die Lichter des Festes werden zu einem Ritual, wie die Blumen oder die Stechpalme, und auch ein wenig die Gespräche, die das ganze übrige Jahr Weihnachten oder das Festessen vom 31. Dezember ins Gedächtnis rufen werden. Nicht nur den Alten erscheint der Sturz der Zeit ins Unsichtbare und Unwiderrufliche schmerzlich. Die Gemütsbewegung eines Kindes hängt, wenn man ihm ein Bild aus seiner kurzen Vergangenheit zurückruft, weder von Überraschung noch von Entzücken ab. Ihm ist kostbar, was es schon kennt, es bevorzugt, was es wiedererkennt, und besingt es in seinem Inneren zum Rhythmus einer aus dem Augenblick geborenen Poesie.

Eiskalte Diplomatie, würde man sagen, und vorsichtige Annäherung an die unter unseren Kleinen, die sich je nach dem Zeitgeschmack gelangweilt zeigen oder simple Gaben verachten. Es ist Wahnsinn, sie zufriedenstellen zu wollen, indem man sie mit Geschenken überschüttet. Der Versuch einer Zügelung, der Rückkehr zu einer feinfühligen Auffassung der Festtage im Jahr ist eine rühmliche Übung. Als bußfertige Trainer sollten wir jedoch nicht aus den Augen verlieren, daß eine solche Gymnastik der Emotionen wie jede andere den Trainer ebenso ertüchtigt wie den Schüler.

Italo Calvino

Marcovaldo im Supermarkt

Um sechs Uhr abends pflegte die Stadt in die Hände der Verbraucher zu fallen. Den ganzen Tag über war die ganze große Betriebsamkeit der produktiven Bevölkerung ein einziges Produzieren: Man produzierte Verbrauchsgüter. Zu einer bestimmten Stunde aber, als hätte jemand einen Schalter ausgeknipst, hörte man auf zu produzieren, und heidi! warf sich alles aufs Konsumieren. Jeden Tag entfaltete sich eine mächtige Blütenpracht, gerade noch rechtzeitig hingen hinter den beleuchteten Schaufensterscheiben rote Salami, türmten sich Aufbauten von Porzellantellern bis zur Decke, Tuchrollen, die sich in Draperien entfalteten wie Pfauenschwänze, und schon strömte die Menge der Verbraucher hinein, um zu demolieren, zu zernagen, zu betasten, wegzunehmen. Eine unabsehbare Reihe schlängelte sich über die Bürgersteige und unter den Laubengängen hindurch, flutete durch die gläsernen Eingangstüren der Geschäfte, umwogte alle Verkaufstische, vorwärtsgedrängt von Rippenstößen, die jeder jedem austeilte wie die gleichmäßigen Stöße eines Zylinderkolbens. Konsumieren sollt ihr!, und sie rührten die Waren an, legten sie wieder hin, nahmen sie wieder auf, rissen sie sich gegenseitig aus den Händen; konsumieren sollt ihr!, und zwangen die bleichen Verkäuferinnen, immer wieder neue Wäschestücke auf den Ladentischen auszubreiten; konsumieren sollt ihr!, und die farbigen Zwirnrollen drehten sich wie Kreisel, die geblümten Papierbögen hoben flatternd ihre Flügel, wickelten die Einkäufe in kleine Päckchen und die kleinen Päckchen in größere Päckchen und die größeren Päckchen in Pakete, ein jedes verschnürt mit Knoten und Schleife. Und Pakete, große Päckchen, kleine Päckchen, Taschen, Täschchen wirbelten um den verstopften Kassenstand, Hände, die in den Handtaschen kramten und nach dem Geldtäschchen suchten, und Finger, die in den Geldtäschchen kramten und nach Kleingeld suchten, und unten, zwischen einem Wald von unbekannten Beinen und Mantelsäumen, verirrten sich die Kinder, die nicht mehr an der Hand gehalten wurden, und weinten.

An einem solchen Abend führte Marcovaldo seine Familie spazieren. Da sie kein Geld hatten, bestand ihr Vergnügen darin, den andern Leuten beim Einkaufen zuzuschauen; denn je mehr Geld im Umlauf ist, desto zahlreicher sind die armen Schlucker, die hoffen: »Früher oder später werde ich ja auch mal zu Geld kommen.« Dem Marcovaldo jedoch zerrann sein Gehalt, weil es so wenig war und seine Familie so zahlreich und weil Raten und Schulden zu tilgen waren, augenblicklich unter den Händen, sobald er es bekommen hatte. Aber es war doch schön, die andern beim Kaufen zu beobachten, besonders bei einem Rundgang durch den Supermarkt.

Der Supermarkt war ein Selbstbedienungskaufhaus.

Da gab es die kleinen Wagen, eiserne Körbe auf Rädern, und jeder Kunde schob so einen kleinen Wagen vor sich her und füllte ihn mit allen nur erdenklichen Herrlichkeiten. Beim Hineingehen nahm auch Marcovaldo einen Wagen und ebenso seine Frau und jedes der vier Kinder. Und so wanderten sie im Gänsemarsch, die Wägelchen vor sich, zwischen Ladentischen hindurch, auf denen sich Berge von Eßwaren häuften, und sie zeigten einander die Würste und Käsesorten und nannten ihre Namen, als hätten sie in diesem Massenangebot die Gesichter von Freunden oder zumindest von Bekannten entdeckt.

»Papa, dürfen wir das mitnehmen?« fragten die Kinder immer wieder.

»Nein, ja nichts anfassen, das ist verboten«, antwortete Marcovaldo, weil er daran dachte, daß sie am Ende des Rundgangs von der Kassiererin zur Abrechnung erwartet wurden.

»Warum nimmt dann aber die Frau dort was mit?« drangen sie weiter in ihn, weil sie all die braven Frauen sahen, die nur hereingekommen waren, um ein paar Mohrrüben zu kaufen und einen Büschel Sellerie, und dann den Pyramiden von Dosen doch nicht widerstehen konnten und plumps! plumps! plumps! mit zerstreuter und resignierter Bewegung Büchsen mit geschälten Tomaten, eingemachten Pfirsichen und Anchovis in Öl in ihr Wägelchen fallen ließen, daß es nur so trommelte.

Kurz und gut, wenn dein eigenes Wägelchen leer ist und das der anderen voll, kannst du nur bis zu einem bestimmten Punkt fest bleiben: Dann packen dich der Neid und ein Herzweh, daß du's nicht länger aushalten kannst. Nachdem Marcovaldo also seiner Frau und den Kindern ans Herz gelegt hatte, nur ja nichts anzurühren, trat er verstohlen in einen Quergang zwischen den Verkaufsständen, um sich dem Blickfeld seiner Familie zu entziehen, griff sich eine Schachtel mit Datteln aus einem Fach und legte sie in seinen Korb. Er wollte nur das Vergnügen auskosten, sie zehn Minuten lang mit sich herumzutragen, wie alle andern seine Einkäufe zur Schau zu stellen, und sie dann wieder dahin zurücklegen, wo er sie hergenommen hatte. Diese Schachtel und dann noch eine rote Flasche mit pikanter Sauce und ein Päckchen Kaffee und ein blaues Paket Spaghetti. Wenn er es nur umsichtig anstellte, davon war Marcovaldo überzeugt, konnte er mindestens eine Viertelstunde lang die Freude eines Mannes genießen, der eine Ware auszusuchen versteht, ohne auch nur einen Pfennig dafür zu bezahlen. Doch wehe, wenn die Kinder ihn dabei erwischten! Gleich würden sie's ihm nachmachen, und der Himmel mochte wissen, was für eine Verwirrung daraus entstehen würde!

Marcovaldo gab sich alle Mühe, seine Spuren zu verwischen, verfolgte einen Zickzackkurs durch die einzelnen Abteilungen, schloß sich geschäftigen Dienstmädchen an oder pelzverhüllten Damen. Und wenn die einen oder anderen die Hand ausstreckten, um einen gelben, duftenden Kürbis zu nehmen oder eine Schachtel mit Käseecken, tat er es ihnen nach. Über die Lautsprecher kam heitere Musik: Die Verbraucher bewegten sich in ihrem Rhythmus, blieben dann wieder stehen, streckten im rechten Augenblick die Hand aus, nahmen sich etwas und legten es in ihren Korb, alles zum Klange der Musik.

Marcovaldos Korb war nun bis zum Rande gefüllt; seine Schritte führten ihn in weniger frequentierte Abteilungen: Hier waren die Erzeugnisse mit ihren immer schwerer zu entziffernden Namen in Schachteln abgepackt und mit Bildern versehen, aus denen nicht einwandfrei hervorging, ob es sich um Salatdünger oder Salatsamen handelte, um Salat überhaupt oder um Gift gegen Salatschnecken oder um Futter, das die Vögel herbeilocken sollte, damit sie die Salatschnecken fraßen, oder um Salatgewürze oder um gebratene Vögel. Marcovaldo nahm auf alle Fälle ein paar dieser Schachteln mit.

So ging er zwischen den hohen Hecken der Verkaufsstände einher. Plötzlich war der Gang zu Ende, und da war ein langer, leerer Raum, erfüllt vom Neonlicht, das die Kacheln erstrahlen ließ. Und da stand Marcovaldo, allein mit seinem warenbeladenen Wägelchen, und am Ende dieses leeren Raumes war der Ausgang mit der Kasse.

Sein erster Impuls war, mit gesenktem Kopf davonzurasen, das Wägelchen wie einen Panzerwagen vor sich her schiebend, und dem Supermarkt mit seiner Beute zu entfliehen, ehe die Kassiererin Alarm schlagen konnte. Doch in diesem Augenblick kam aus einem Nachbargang ein Wägelchen zum Vorschein, noch bepackter als das seine, und es wurde von seiner Frau Domitilla geschoben. Von einer anderen Seite tauchte ein weiteres auf, und Filippetto hatte alle Mühe, es vor sich herzuschieben. Dies war ein Punkt, an dem die Gänge aus vielen Abteilungen zusammenliefen, und aus jedem Ende kam eines von Marcovaldos Kindern heraus, und alle schoben sie ihre Vehikel vor sich her, die vollbeladen waren wie Frachtschiffe. Jeder von ihnen hatte den gleichen Gedanken gehabt, und nun, da sie hier zusammentrafen, wurden sie gewahr, daß sie eine Musterkollektion aller verfügbaren Schätze des Supermarkts zusammengestellt hatten. »Papa, jetzt sind wir also reich?« fragte Michelino. »Haben wir jetzt für ein Jahr lang zu essen?«

»Zurück! Schnell! Weg von der Kasse!« rief Marcovaldo, machte kehrt und ging mit seinen Lebensmitteln hinter den Verkaufsständen in Deckung; er setzte zu einem geduckten Lauf an, wie unter Feindbeschuß, und hatte sich bald wieder in den Abteilungen verloren. Ein Dröhnen erscholl hinter seinem Rücken; er drehte sich um und sah seine ganze Familie, einem Eisenbahnzug gleich, ihre Wagen vor sich her schiebend, ihm nachrennen.

»Dafür bekommen wir eine Rechnung auf eine Million Lire!«

Der Supermarkt war groß und verschlungen wie ein Labyrinth: Stunden und Stunden konnte man sich darin ergehen. Mit all den Lebensmitteln zu ihrer Verfügung hätten Marcovaldo und seine Familie den ganzen Winter dort verbringen können, ohne ihn auch nur ein einziges Mal zu verlassen. Doch die Lautsprecher hatten ihre Unterhaltungsmusik unterbrochen und brachten eine Durchsage: »Achtung, Achtung! Der Supermarkt wird in einer Viertelstunde geschlossen! Sie werden gebeten, sich zur Kasse zu begeben!«

Höchste Zeit, sich der Last zu entledigen: jetzt oder nie. Beim Aufruf durch die Lautsprecher wurde die kaufende Menge von wilder Hast gepackt, als handelte es sich um die letzten Minuten des letzten Supermarkts auf der ganzen Welt, eine Hast, bei der nicht ersichtlich war, ob es den Leuten darum zu tun war, alles mitzunehmen, was da war, oder alles liegenzulassen, jedenfalls gab's ein großes Gedränge um die Auslagenstände, und Marcovaldo, Domitilla und die Kinder machten sich das zunutze, um die Waren wieder an ihren Ort zu legen oder sie unbemerkt in die Wägelchen anderer Leute gleiten zu lassen. Diese Rückgaben erfolgten eher schlecht als recht: Das Fliegenpapier landete auf dem Stand mit Schinken, ein Kohlkopf mitten unter den Torten. Bei einer Frau hatten sie gar nicht bemerkt, daß sie statt eines Einkaufswägelchens einen Kinderwagen mit einem Säugling vor sich her schob, und legten ihr eine Flasche mit Barbera-Wein darauf.

Sich all dieser Herrlichkeiten entledigen zu müssen, ohne sie auch nur gekostet zu haben, war ein Schmerz, der einem die Tränen in die Augen trieb. Und während sie so eine Tube mit Mayonnaise zurücklegten, geriet ihnen gleichzeitig ein Bündel Bananen in die Hand, und sie nahmen es mit; oder ein gebratenes Huhn anstelle einer Nylonbürste; und in dem Maße, wie ihre Wägelchen sich leerten, wurden sie auch wieder aufgefüllt.

Mit ihren Einkäufen wanderte die Familie die Rolltreppe hinauf und hinunter, und in jedem Stockwerk landeten sie vor den unvermeidlichen Engpässen, wo eine wachsame Kassiererin eine knatternde Rechenmaschine wie ein Maschinengewehr auf alle diejenigen richtete, die sich zum Hinausgehen anschickten. Das Herumwandern von Marcovaldo und Familie glich immer mehr dem Auf- und Abwandern von wilden Tieren im Käfig oder von Gefangenen in einem hellen, mit bunten Wandplatten verkleideten Gefängnis.

An einer Stelle waren die Wandplatten abgenommen, eine Leiter war da und Hämmer, Zimmermanns- und Maurerwerkzeug. Hier entstand ein Erweiterungsbau für den Supermarkt. Die Arbeiter waren nach Arbeitsschluß

fortgegangen und hatten alles stehen- und liegengelassen. Seine Einkäufe vor sich her schiebend, durchschritt Marcovaldo das Loch in der Wand. Draußen war es dunkel; er ging weiter. Und die Familie, mit ihren Wägelchen, ihm immer nach.

Die Gummiräder der Wägelchen hüpften über einen Boden, der einem aufgerissenen Straßenboden glich, hier sandig, dort mit losen Brettern bedeckt. Marcovaldo balancierte über ein Brett, die andern folgten ihm. Plötzlich sahen sie vor sich und hinter sich und über sich und unter sich eine Menge Lichter, in der Ferne verstreut, und ringsum nichts als Leere. Sie standen auf der Kanzel eines Baugerüsts, so hoch wie die siebenstöckigen Häuser. Unter ihnen breitete sich die Stadt aus im hellen Glanz der Fenster und Leuchtschriften und elektrischen Funken der Straßenbahnoberleitungen; darüber war der Himmel, erleuchtet von Sternen und den roten Lämpchen an den Antennen der Funkstationen. Das Baugerüst erzitterte unter dem Gewicht so vieler Waren, die dort oben balancierten. Michelino sagte: »Ich habe Angst!«

Aus dem Dunkel tauchte eine Silhouette auf. Ein riesiges, zahnloses Maul, das sich öffnete und streckte auf langem, metallenem Hals: ein Kran. Es senkte sich auf sie herab, hielt auf ihrer Höhe inne, legte den Unterkiefer auf den Rand des Gerüstes. Marcovaldo kippte sein Wägelchen um, schüttete den Inhalt in den eisernen Rachen, ging weiter. Domitilla desgleichen. Und die Kinder taten's ihren Eltern nach. Der Kran klappte seinen Rachen zu, die Beute aus dem Supermarkt darin, zog mit ächzenden Winden seinen Hals zurück und entfernte sich. Unten blitzten die rotierenden, vielfarbigen Leuchtschriften auf und empfahlen jedermann, die im großen Supermarkt feilgebotenen Waren zu kaufen.

Pearl S. Buck

Ein Stern am Himmel

Er erwachte am Weihnachtsmorgen vor Tagesanbruch. Im ersten Augenblick wußte er nicht, wo er sich befand. Dann lullte ihn die Wärme der Kindheitserinnerungen ein. Er war auf dem Bauernhof, in seinem alten Heim, wo er die geschwärzten Deckenbalken seines Zimmers über sich hatte. Gestern erst hatte er darauf bestanden, hierher zu kommen, und seinen Entschluß gegen den leisen, aber festen Widerstand seiner Familie durchgesetzt.

»Ach, Vater«, hatte seine Tochter Anne gejammert, »müssen wir gerade jetzt auf den Hof, über Weihnachten? Wir hatten doch vor ...«

Sie widersetzte sich mit so funkelndem Zorn, daß er sie ebenso zornig anfuhr: »Es ist Jahre her, seit ich dich um etwas gebeten habe!«

Sein Sohn meldete sich zu Wort: »Ich habe eine Verabredung, Vater.«

»Dann wirst du deine Verabredung eben absagen, Hal«, erwiderte er bestimmt.

Er wandte sich von seinen widerspenstigen Kindern ab und sagte zu seiner Frau: »Helen, wo ist die Weihnachtsstimmung in diesem Hause geblieben?«

Sie lächelte nachsichtig. »Seit dem Krieg ist es nicht mehr wie früher, mein Lieber. Alles hat sich geändert. Das ist unvermeidlich.«

»Die Grundlagen ändern sich nicht«, beharrte er. »Wir müssen wieder eine Familie werden. In einer Stunde steht der Wagen vor der Tür.«

Er merkte selbst, daß er einen Befehlston anschlug. Im Kriege hatte er sich daran gewöhnt, Befehle zu erteilen, und ebenso in den Jahren der fortgesetzten Atomforschungen. In seinem großen wissenschaftlichen Institut war er gleichfalls an Gehorsam gewöhnt, und er ging allen weiteren Widersprüchen in seinem Hause aus dem Wege. Da sie seine Pünktlichkeit kannten, fanden sich alle eine Stunde später vor dem Hause ein, und schweigend legten sie die weite Fahrt zum Hof zurück.

Nun, wenigstens hatten sie ihm gehorcht. Sie waren hier beisammen, meilenweit entfernt von nächtlichen Tanzereien, übermäßigem Alkoholgenuß und all den zeitraubenden oberflächlichen Vergnügungen, die er verabscheute. Und es war Weihnachten. An diesem Tage würde es ihm gewiß gelingen, sie zurückzuerobern. Denn irgendwie hatte er sie verloren in den Jahren, die er ganz seiner Arbeit gewidmet hatte.

Sein Name und sein Ruhm – Arnold Williams, einer der führenden Kernphysiker in der Welt – hatten sie überwältigt und in gewissem Maße auch ihn selbst. Wissenschafter aus allen Ländern suchten bei ihm Rat, Streitgespräche nahmen ihn in Anspruch, und das rasche Anwachsen der neuen Erkenntnisse zwang ihn, sich ganz in den Dienst der Forschung zu stellen. Während des Krieges war das natürlich seine Pflicht gewesen, da er damals im Auftrag des Staates experimentierte; aber die Grenzlinie zwischen Pflicht und spannender Freude an erfolgreicher Arbeit war nach Kriegsende nicht mehr so deutlich erkennbar.

Während er seinem vorgezeichneten Weg folgte, wuchsen seine Kinder heran, und Helen alterte vor der Zeit. Die frühere Fröhlichkeit, die sie verbunden hatte, war verschwunden. Gestern war es ihm in seinem Hause, das ganz in der Nähe des Universitäts-Instituts lag, plötzlich klar geworden, daß trotz aller Geschäftigkeit, trotz den Einkäufen in letzter Minute und einem modernen Baum mit künstlichen Lichtern keine Weihnachtsstimmung herrschte …

Er dachte daran zurück, wie Anne, seine hübsche Tochter, fieberhaft, aber gar nicht froh zum Telephon eilte und jedesmal enttäuscht wurde. Nie war es die richtige Stimme. Auf wessen Stimme wartete sie? Ach, Anne, geliebtes Kind, vor allem ihretwegen wollte er mit seiner Familie allein sein …

Und was war mit dem Stern? Als Kind hatte er, wenn er im Bett lag, am Weihnachtsmorgen einen bestimmten Stern hoch über der Scheune gesehen. Er sah ihn immer, wenn er früher als üblich aufstand, um mit dem Melken fertig zu sein, wenn die Tür des Wohnzimmers geöffnet wurde, wo der Christbaum stand. Der Weihnachtsstern! Er warf die Decke zurück und sprang aus dem Bett. Reiner Unsinn wahrscheinlich, denn der Stern war jetzt vielleicht nicht da.

Während er im Schrank nach alten Kleidern wühlte, kam es ihm in den Sinn, daß dieser Stern eigentlich seine Laufbahn bestimmt hatte. Er hatte ihn zu den Gestirnen geführt.

»Was wünschst du dir zu Weihnachten, mein Junge?« hatte ihn sein Vater gefragt, als er vierzehn Jahre alt war.

»Ein Fernrohr«, hatte er geantwortet.

Der Vater mit dem struppigen Bart hatte die scharfen blauen Augen zusammengekniffen und ihn neugierig gemustert. »Wozu?«

»Um die Sterne betrachten zu können.«

Sein Vater hatte ihn angeknurrt, anscheinend ohne Verständnis, aber am Weihnachtsmorgen lag ein mit der Post bestelltes Fernrohr unter dem Baum. Es war sein einziger Wunsch gewesen. Voller Ungeduld hatte er den Abend herbeigesehnt. Dann endlich, als es dunkel war, hatte er den Stern durchs Fernrohr betrachtet. Welche Enttäuschung! Er war größer und leuchtender, doch so fern wie eh und je.

Am folgenden Tage richtete er nur versuchsweise das Fernrohr auf die Sonne, und zu seiner Verwunderung sah er Flecken darauf, und das führte dazu, daß er sich ein Buch kaufte, eine Einführung in die Sternkunde, und so hatte sein Interesse an kosmischen Strahlen den Anfang genommen.

Er war nun in Skihosen, Lammfelljacke und gefütterten Stiefeln. Beim Verlassen des Zimmers schlug er die Tür hinter sich zu. Er zuckte selbst zusammen, denn Helen schlief noch, wie er hoffte. Wenn er sie geweckt hätte, wäre sie nachsichtig mit ihm gewesen wie stets, seit sein nächtliches Herumwandern (vor langer Zeit hatte er sich das angewöhnt, weil ihm seine berühmten Inspirationen sowohl in der Nacht als auch am Tage kamen) sie zu getrennten Schlafzimmern genötigt hatte. Er ertrug keine Störung, wenn er sich mit einer Theorie beschäftigte, und er fand keinen Frieden, bis er sie durchgedacht hatte.

»Wenn du mich heiratest«, hatte er zu Helen am Verlobungstag gesagt, »heiratest du keinen Mann, sondern so etwa wie ... so etwas wie ein Ungeheuer.«

Sie hatte nur gelacht. Dann, eines Tages während des Krieges, als sie in einer Baracke in Los Alamos wohnten, hatte sie ihn nachdenklich betrachtet.

»Was hat dieser Blick zu bedeuten?« hatte er gefragt.
»Vielleicht bist du wirklich so etwas wie ein Ungeheuer«, hatte sie gesagt.

Er hatte gelacht; aber jetzt kamen ihm ihre Worte wieder in den Sinn, als er durch die Küchentür in die Nacht hinaustrat. Die Kälte war beißend, um so mehr nach der Wärme im Hause. Vor Jahren, als die Kinder noch klein waren, hatte er Ölheizung einbauen lassen; aber in seiner Kindheit hatte es nur den Herd in der Küche gegeben, der mit Holz geheizt wurde. Er war immer noch da zur Erinnerung ...

Der Schnee knirschte unter seinen Stiefeln, als er zur Scheune ging. Der Himmel war klar, die Sterne glitzerten und funkelten durch die eisige Luft. Er blickte empor und suchte den Himmel ab. Oh, sein Stern war deutlich zu sehen! Da stand er über dem First der Scheune, nicht so groß, wie er ihn sich vorgestellt hatte, aber unverkennbar sein Stern.

Die Jahre hatten ihn größer und goldener werden lassen, als er jetzt war, oder vielleicht hatte die kindliche Einbildungskraft ihn so gesehen. Doch dort glänzte er, stetig und wahr, wie er ihn in Erinnerung hatte.

Seine Füße fanden die altbekannte Vertiefung des Pfades unter dem Schnee, und als er in der windstillen Luft stehenblieb, flutete das alte Staunen zurück, das Staunen über das Weltall. Vor vielen Jahren hatte er es erlebt, durch den einen Stern vermittelt. In der Hetze und Aufregung hatte er es verloren, in den Jahren, als er im Laboratorium einer Großindustrie gearbeitet hatte, um den Lebensunterhalt zu verdienen. In seinem eigenen kleinen

Laboratorium hatte er die Geheimnisse der Protuberanzen erforscht und dann seine mageren Ferien für Pilgerfahrten zu Einstein in Deutschland und zu Rutherford in England benutzt.

Zweifelnd und kühn hatte er sich weit entfernt von diesem bescheidenen Erdenfleck, auf dem er nun stand, um am Weihnachtsmorgen wieder zu einem Stern emporzublicken. Ein stolzer und streitsüchtiger Mensch war er gewesen bis zu dem Tage, an dem er im Kern eines Atoms, das an einem verborgenen Ort in der Wüste entblößt vor ihm lag, Schrecken und neue Demut gefunden hatte. Unendliche Energie, eingekapselt in einer so kleinen Hülle, daß das Auge sie nicht wahrzunehmen vermochte.

Ja, dieser Stern, den er jetzt betrachtete, hatte sein Leben bestimmt. Was nun? Wohin führte der Weg von diesem Weihnachtsmorgen?

Er fröstelte plötzlich und entdeckte, daß er fast bis zu den Knien im Schnee stand. Während der Nacht hatte es geschneit, die weichen Flocken hingen an allen Ästen und Zweigen, und die Luft vom See her war eisig. Widerstrebend machte er kehrt und folgte seinen eigenen Spuren zur Küchentür.

In der Küche brannte Licht, als er eintrat; Helen stand in ihrem roten Morgenrock am Gasherd und machte Kaffee.

»Fröhliche Weihnachten«, sagte er und gab ihr einen Kuß auf die Wange. »Habe ich dich geweckt?«

»Du bist kalt wie ein Schneemann«, sagte sie und rieb sich die Wange. »Nein, du hast mich nicht geweckt. Ich konnte nicht schlafen.«

»Weil dir Weihnachten in den Gliedern steckt?«

Sie schüttelte den Kopf. »Ich schlafe nicht mehr so gut wie früher.« Sie stellte zwei Tassen auf den Tisch und schenkte den Kaffee ein. »Möchtest du jetzt frühstücken?«

»Nein, aber Kaffee trinke ich gern.«

Sie setzten sich. Sie nippte vorsichtig, er hingegen trank den heißen Kaffee in einem Zuge aus.

»Das tut gut. Ich war ganz durchfroren.«

»Was hast du in dieser Herrgottsfrühe draußen gemacht?« fragte sie.

»Was würdest du sagen, wenn ich dir gestehe, daß ich hinausgegangen bin, um einen Stern zu betrachten?« erwiderte er.

»Es ist lange her, seit du dich für Sterne interessiert hast«, sagte sie.

Er warf ihr einen Blick zu. Sie sah sehr müde aus, seine zarte Frau. »Vielleicht hätten wir nicht auf den Hof kommen sollen. Vielleicht ist es für dich zuviel. Fühlst du dich nicht gut, Helen?«

»Mir fehlt nichts«, antwortete sie. »Ich werde wohl nur alt.«

»Unsinn! Du machst dir aus irgendeinem Grunde Sorgen.«

Sie stand auf, um frischen Kaffee zu machen. »Ich hörte Anne heute nacht weinen.«

Er schaute sie bestürzt an. »Warum sollte Anne weinen?«

»Die Kinder sagen nichts. Neuerdings sind sie sehr verschlossen. Man weiß nicht, was in ihnen vorgeht.« Sie warf ihm einen seltsam traurigen Blick zu, den er nicht zu deuten vermochte.

»Anne schien gestern durchaus bereit zu sein, hierher zu kommen«, erinnerte er sie. »Sie hatte weniger dagegen als Hal – er wollte auf ein Fest oder etwas Ähnliches.«

»Beide waren eingeladen.« Nachdenklich rührte sie ihren Kaffee um. »Es gleicht Anne gar nicht, so leicht nachzugeben – nicht, wenn sie etwas im Kopf hat.«

»Das stimmt.«

Anne gab nie ohne weiteres auf, wenn sie sich etwas wünschte. Demnach hatte es sich gestern nicht um einen ernsten Wunsch gehandelt.

»Hoffentlich wünscht sie sich das Armband, das ich ihr zu Weihnachten gekauft habe«, brummte er. »Es hat genug gekostet.«

»Ich weiß nicht mehr, was sich die Kinder wünschen. Sie sind wie verwandelt.« Helen seufzte und nippte wieder an ihrem Kaffee; sie hielt die Tasse in beiden Händen, als ob sie ihre Hände wärmen wollte.

Er betrachtete ihr Gesicht, das trotz der Blässe immer noch hübsch war. Seit langer Zeit hatte er sie nicht mehr am Morgen gesehen, bevor sie sich zurechtgemacht hatte. Er war Frühaufsteher, und sie schlief lange.

»Fehlt dir wirklich nichts?« erkundigte er sich abermals.

»Ich bin nur müde«, antwortete sie. »Vielleicht liegt es an meinem Alter.«

»Der Rückzug der Frauen«, erklärte er. Er erhob sich und küßte sie auf die Wange. »Weißt du noch, wie du mit mir auf den Montblanc klettertest, als wir die Strahlen maßen? Das ist noch gar nicht so lange her.« Sie lächelte flüchtig, antwortete aber nicht.

Er zauste ihr Haar, um sie zu necken, worauf sie seine Hand festhielt und ihm einen leichten Klaps gab. »Ich wette, du hast deine Weihnachtsgeschenke noch nicht eingepackt«, sagte sie.

»Irrtum! Ich ließ sie vom Juwelier einpacken.«

Sie machte ein entsetztes Gesicht. »Hast du alles dort gekauft?«

»Alles«, bestätigte er. »Und als ich sagte, ich hätte die Sachen gern in Geschenkpackung, antwortete der Verkäufer leicht beleidigt, beim Juwelier sei es üblich, den Schmuck in Geschenkpackung zu liefern.«

Darüber mußte sie lachen, und er kam sich siegreich vor.

»Und jetzt gehe ich auf den Speicher«, sagte er, »und hole meine kostbaren Päckchen herunter.«

»Warum hast du sie überhaupt auf den Speicher gebracht?« fragte sie. »Die Kinder gehen nicht heimlich daran – du vergißt, daß sie erwachsen sind.«

»Gewohnheit. Ehe ich mich's gestern abend versah, war ich auf dem Speicher und versteckte meine kostbaren Päckchen in dem Winkel, wo wir das Puppenhaus für Anne und das Fahrrad für Hal versteckt haben ... Wie viele Jahre ist es eigentlich her, seit wir hier Weihnachten gefeiert haben?«

»Das war, bevor du dich in den Kern eines Atoms verliebtest«, erklärte sie. »Ich wüßte gern, was an einem Atomkern so bezaubernd ist!«

Er stieg zum Speicher hinauf und fand seine Geschenke in der braunen Tüte, in die er sie gestern sicherheitshalber gesteckt hatte. Als er die Treppe zum zweiten Stock hinunterging, hörte er Annes Stimme. Sie telephonierte in der oberen Diele – natürlich mit einem Mann.

»Was für einen Zweck hat es, wenn ich heute abend in die Stadt komme? – Ja, ich könnte mit Hal fahren – er hat eine Verabredung – aber wozu? Es würde Mitternacht werden, bis du von deiner Familie weg könntest, und dann hätten wir eine Viertelstunde – also gut, eine halbe Stunde –, und du wärst die ganze Zeit unruhig. Das hat doch keinen Sinn.«

Ihre Stimme klang leidenschaftlich und schmerzbewegt, und das Herz tat ihm weh, als er sie dort am Telephon sah. Sie war immer noch in ihrem rosa Nachthemd, ein blondgelocktes kleines Mädchen trotz ihren zwanzig Jahren. Kein Mann durfte seinem Kind ein Leid antun!

Wie konnte er sie nur dazu bringen, ihm den Namen zu nennen, damit er sie vor dem Kerl schützte?

»Anne«, sagte er.

Sie hängte sofort auf. Dann drehte sie sich um und sah ihn mit aufgerissenen blauen Augen erschrocken an.

»Du bist früh auf am Weihnachtsmorgen«, fuhr er fort.

»Ich konnte nicht schlafen«, antwortete sie. »Es ist schrecklich kalt hier am See.«

»Ganz gut, daß du schon auf bist«, sagte er. »Wir müssen den Baum noch holen, Hal und ich, und dann wollen wir ihn schmücken und wie früher zusammen kochen. Ich will die Zweige mitbringen, mit denen du das Haus schmücken kannst, ja?«

Er legte die braune Tüte auf die Treppe und trat zu ihr.

»Hast du sentimentale Anwandlungen, Weihnachtsmann?« Anne kam ihm entgegen, stellte sich auf die Zehenspitzen und gab ihm einen Kuß. »Du bist ein Lieber«, sagte sie unvermittelt.

»Danke«, antwortete er. »Das habe ich lange nicht mehr gehört.«

»Ja, ich habe es lange nicht mehr zu dir gesagt«, räumte sie ein. »Du warst in den letzten Jahren immer woanders.« Behutsam strich sie ihm mit einem Finger über die Braue.

»Es liegt an dir«, erwiderte er und hielt ihren Zeigefinger fest. »Du bist groß geworden, ohne mich um Erlaubnis zu bitten. Die Tochter, die ich früher hatte, bekomme ich nur noch selten zu sehen.«

Trotzdem, dachte er, wenn er nicht darauf bestanden hätte, das Fest hier zu verleben, wäre es nicht einmal zu diesem Austausch von Zärtlichkeiten gekommen. Sie hätte noch geschlafen, müde vom Tanzen und anderen Lustbarkeiten.

Plötzlich legte sie den Kopf an seine Brust und flüsterte: »Ich wünschte, ich wäre noch klein. Ich wünschte, ich wäre nie groß geworden!«

Er streichelte ihr weiches Haar. »Warum, Anne, warum denn?«

»Dumm von mir, nicht wahr?« Sie hob den Kopf, schüttelte die Tränen aus den Augen und lächelte ihn an. Dann lief sie in ihr Zimmer und schloß die Tür. »Fröhliche Weihnachten!« rief er ihr nach; aber sie antwortete nicht.

Er öffnete Hals Schlafzimmertür. Da lag sein geliebter einziger Sohn … achtzehn Jahre alt, ein Meter achtzig groß, gut aussehend, begabt – und ihm ganz fremd.

Leise durchquerte er das Zimmer und betrachtete sein schlafendes Kind. Ein Mann dieses Kind – ein Kind dieser Mann. Hochgewachsen, jugendlich mager, starke Knochen, frische Haut, dunkles, allzu langes Haar – das war sein Sohn, dem in der neuen Gestalt der Männlichkeit tausend Kindheitserinnerungen innewohnten.

Früher hatte Hal es nie erwarten können, im Sommer zum See zu kommen, zu schwimmen, zu fischen, zu segeln. Zweimal wäre er in dem tiefen, stillen Gewässer beinahe ertrunken, das eine Mal, weil er über seine Kraft weit hinausschwamm, das zweite Mal, als er sich beim Springen den Kopf an einem Felsen anschlug. Zweimal war er gerettet worden, beide Male von seinem Vater. Dreimal hatte er also diesem Sohn das Leben geschenkt, das erste Mal durch den Schoß seiner Mutter.

Jetzt war er ein fremder Mensch, der wild durch die Nacht brauste, der mit Unbekannten verrückte Tänze tanzte, der manchmal betrunken nach Hause kam und seinen Eltern das Herz brach. Wie konnte sein Sohn gerettet werden? Denn in dem schönen Kopf war ein Gehirn, das eine Rettung verdient hätte. Sein eigener alter Professor von der Universität Harvard hatte ihm über Hal geschrieben: »Wenn Sie ihm die jugendlichen Auswüchse austreiben und ihn von dem Beatkult abbringen können, werden Sie einen Mann aus ihm machen.«

Plötzlich schlug Hal die Augen auf und blickte ihn an.

»Was willst du, Vater?«

»Dir fröhliche Weihnachten wünschen.«

Hal gähnte. »Ist es schon Zeit zum Aufstehen?«

»Wir müssen nach dem Frühstück den Baum holen.«

Hal drehte sich um und verkroch sich unter der Decke. »Schon recht, schon recht ...«

Arnold blieb noch eine Weile stehen und verdrängte seine plötzliche Ungeduld. Weihnachten, und der Junge wollte schlafen! Er dachte an die Zeiten zurück, wo Hal in aller Frühe zu ihm ins Zimmer gekommen war, weil er den Tagesanfang nicht abwarten konnte. Und er selbst hatte seinen Schlaf abgekürzt und war aufgestanden, um seinen Sohn glücklich zu machen.

Abrupt drehte er sich um und verließ das Zimmer, wobei er die Tür unsanft ins Schloß fallen ließ. Geduld! Mit seiner Geduld war er am Ende. Hal fehlte es an Selbstdisziplin. Warum hatte man überhaupt Kinder?

Er ging in sein eigenes Zimmer und stellte sich ans Fenster. Es schneite wieder von einem graubezogenen Himmel. Der Stern war nicht mehr da.

Das Wetter hatte sich aufgeklart, als er nach dem Frühstück mit Hal durch den Schnee stapfte. Unwillkürlich hoben sich seine Lebensgeister. Durchwärmt und gesättigt, ermutigt durch den Anblick von Helens rosig überhauchten Wangen – vielleicht verursacht durch die Hitze des alten Herdes, den er zur Feier des Tages unbedingt hatte anzünden wollen – und weicher gestimmt durch Annes unerwartete Zärtlichkeit, schenkte er sein Herz wieder diesem großen, schweigsamen Jungen, der sein Sohn war.

»In meiner Kindheit hatten wir immer eine weiße Weihnacht«, erzählte er. »Das war für uns selbstverständlich. Ich glaube, ihr beide, du und Anne, fandet es auch selbstverständlich, früher, als wir in den Weihnachtsferien immer herkamen. In der Stadt ist Schnee nicht so wichtig.«

Hinter sich hörte er Hals knirschende Schritte, aber er erhielt keine Antwort. Er schaute über die Schulter und nahm Hals ausdrucksloses Gesicht wahr. Der Junge hörte ihm gar nicht zu. Da fing er den scharfen Blick seines Vaters auf.

»Sagtest du etwas, Vater?«

»Nichts Wichtiges«, gab er kurz zurück.

Sie stapften weiter. Wozu sich mit einem Sohn unterhalten, der gar nicht zuhörte? Und er hätte einem Sohn viel zu sagen gehabt, sehr viel.

Er sehnte sich danach, Hal an seinem eigenen Leben teilnehmen zu lassen, an dem spannenden Dasein eines Physikers im Atomzeitalter, in dem der Physiker ja die bedeutendste Rolle spielt.

Früher, als der Physiker allein in seinem Laboratorium arbeitete, oft aufs Geratewohl experimentierte, meistens vergebens, in jener Zeit war der Physiker kaum ein Mensch gewesen, eher ein Zauberer oder ein Kauz. Jetzt aber, mit dem Wissen um die Energie, die dem Kern des Weltalls innewohnt, dem unendlich kleinen Kern, wurde der Physiker geachtet und gefürchtet … Ob Hal von solchen Dingen träumte? Es gab keine Möglichkeit, es zu erfahren; zwischen Vater und Sohn bestand keine Verbindung. Er blieb stehen und betrachtete die Tannen ringsum. Die Bäume waren zu hoch. Sie mußten jüngere suchen.

»Wie weit willst du noch gehen?« fragte Hal.

»Wir müssen einen Baum von richtiger Größe finden«, antwortete Arnold. »Wir wollen zum Waldrand gehen.«

»Wir könnten ja irgendeinen Baum oben kürzen«, meinte Hal.

Arnold schüttelte den Kopf. »Dazu ist mir der Wald zu lieb. Mein Vater würde sich im Grabe umdrehen. Einen schönen Baum fällen und den Wipfel abschlagen?«

»Es wird spät«, drängte Hal.

»Wieso hast du es so eilig?«

Hal rührte sich nicht vom Fleck. »Vater, ich möchte heute abend um acht wieder in der Stadt sein.«

Arnold drehte sich um und sah seinen Sohn an. »Nur um ein Ding habe ich meine Familie gebeten – das einzige Weihnachtsgeschenk, das ich mir wünschte –, daß wir das Fest hier zusammen verleben. Und dazu gehört der Abend. Vor sechs werden wir mit dem Essen nicht fertig sein. Und dann wollen wir den Baum anzünden.«

Er gewahrte einen seltsamen Ausdruck in Hals Augen, eine stumme Rebellion. Warum äußerte der Junge seinen Zorn nicht, wenn er so fühlte? Er selbst hatte sich als Achtzehnjähriger einmal gegen seinen Vater aufgelehnt, zuerst mit Worten und dann mit den Fäusten. Auch damals war es um einen Tag gegangen, um einen Sommertag, an dem er zum Jahrmarkt wollte, und sein Vater hatte es verboten.

»Das Gras muß gemäht werden«, hatte sein Vater unwirsch gesagt. »Niemand darf gehen.«

»Ich gehe.«

»Versuch es!« hatte sein Vater gebrüllt.

Böse hatten sie einander angeschaut. Plötzlich hatte ihn sein Vater angeschrien: »Wenn du so wütend auf mich bist, wollen wir den Streit austragen … laß sehen, wer stärker ist …«

Wie Stiere waren sie aufeinander losgegangen, der Junge und der Alte, und er hatte seinen Vater im Ringkampf besiegt. Stolz und Scham hatten ihm das Herz zerrissen, als er zusah, wie sich sein Vater vom Boden erhob.

»Also gut«, hatte sein Vater gebrummt. »Ich mähe das Gras allein.«

»Ich gehe nicht«, hatte er gesagt, und Seite an Seite hatten sie beide den heißen langen Tag bis Sonnenuntergang gearbeitet. Ja, jenen Jungen konnte er verstehen. Warum trotzte Hal ihm nicht?

»Du bist der Meister«, sagte Hal. »Du wirst wohl immer der Meister bleiben.«

Er starrte in das erbitterte Gesicht seines Sohnes. »Was meinst du damit?«

»Was ich sagte. Du bist der Meister. Seit dem Krieg bist du ein großes Tier, nicht wahr? Atommörder!«

Er betrachtete den dunklen jungen Hünen, der ihn böse anblickte. Dann packte ihn blinde Wut, und er versetzte seinem Sohn einen Hieb, einen sauberen rechten Kinnhaken, über den er sich selbst wunderte. Gleichzeitig erfüllte ihn Stolz auf den Schlag – ein niedriger Mannesstolz, worüber er sich selbst entsetzte. Er ließ die Hand sinken.

»Hal ...«, stammelte er. »Hal, das wollte ich nicht – ich weiß nicht, was in mich gefahren ist. Aber du hast mich beschimpft. Trotzdem hätte ich das nicht tun dürfen ...«

Hal holte sein Taschentuch hervor und wischte sich das Gesicht ab. »Blute ich?« fragte er gelassen.

»Ja, ein wenig. Du hast eine schlimme Quetschung ... Warum hast du mich so genannt, Junge?«

»Bist du das nicht? Sozusagen ein Meistermörder ...«

»Nein!«

Hal betrachtete sein blutbeflecktes Taschentuch. Er knüllte es zusammen und steckte es wieder ein.

»Na schön, laß uns den Christbaum fällen.«

»Hal, ich kann dir das nicht einfach durchlassen.«

»Ich sagte doch, es sei in Ordnung.«

»Also gut!«

Arnold war wieder wütend, und grimmig stapfte er fünfzig Meter voraus. Vor einer schöngewachsenen jungen Tanne blieb er stehen. »Hier ist unser Baum«, sagte er.

»Ich will ihn schlagen«, erbot sich Hal. Dreimal hieb er mit dem Beil zu, und jedesmal glitt es ab. Schließlich warf er das Beil hin. »Mir ist schwindlig, Vater.«

»Laß mich dein Gesicht sehen.« Er legte seinem Sohn die Hand unters Kinn und betrachtete die blutunterlaufene Quetschung. »Ich bitte dich um Verzeihung, daß ich dich am Weihnachtstag so behandelt habe«, sagte er unvermittelt.

»Schon recht«, antwortete Hal. »Ich habe dich beschimpft.«

»Was ich nicht verdiene. Aber ruh dich nun aus – ich werde den Baum schlagen.«

Mit vier wohlgezielten Axthieben fällte er den Baum. Er nahm das untere Ende des Stammes, und Hal trug die Tanne am Wipfel. Schweigend kehrten sie in ihrer eigenen Spur zurück, bis sie über die verschneite Wiese zur vorderen Haustür gelangten.

»Ich will den Baum vom Schnee säubern«, sagte Hal. »Gehen wir hinein und wärmen wir uns erst.«

Arnold ging voran in die Küche, wo es nach Salbei und gebratenem Truthahn roch.

»Da seid ihr ja«, rief Helen fröhlich. Sie begoß den Braten; ihr Gesicht war gerötet, ihr Haar ein Gewirr von Silberlocken. »Einen besseren Backofen als diesen gibt es nicht. Ich wundere mich, daß man die Holzherde jemals aufgegeben hat.«

»Warte nur, bis du einen Atomherd hast«, erwiderte er. »Dann wird der Truthahn in zwei Minuten gar sein. Wir sitzen am Tisch, und du drückst auf einen Knopf. Wir plaudern ein bißchen, und schon kann der Braten tranchiert werden.«

Niemand antwortete. Er zog seine Stiefel aus und bemerkte das Schweigen nicht. Anne saß am Küchentisch und putzte das alte Silber.

»Hat jemand angerufen?« fragte Hal.

»Nein«, entgegnete Anne. Sie blickte auf und stieß einen Schrei aus. »Wie siehst du denn aus?«

»Dein Gesicht!« rief Helen und schloß die Ofentür. »Was ist mit deinem Gesicht los?«

»Ich habe ihm einen Kinnhaken versetzt«, sagte Arnold rauh. Er stand auf, goß sich ein Glas Wasser ein und trank es aus.

»Ich beschimpfte Vater«, sagte Hal.

Helen sank auf einen Küchenschemel. »Du meine Güte, du meine Güte, was ist mit uns ...«

»Ein Weihnachtsgeschenk!« rief Anne mit hysterischem Lachen und schlug die Hände vors Gesicht.

»Anne!« fuhr Arnold sie an. »Hör auf! Hör mit dem Lachen auf! Hör auf, sage ich dir ...«

Er packte sie an den Schultern und schüttelte sie. Sie hob den Kopf, und er wußte nicht, ob sie lachte oder weinte.

»Willst du mich auch schlagen, Vater? Bist du jetzt so ein Mensch?«

Er wich zurück. »Was meinst du?« fragte er. Er blickte von einem Gesicht zum andern. »Was meint ihr?«

Anne gab ihm die Antwort. Sie war die Ungestüme, der

kleine Unband, der mit sieben Jahren eines Tages auf ihn losgefahren war und ihn gebissen hatte. Er war – gerechterweise – gezwungen gewesen, ihr eine Tracht Prügel zu geben, weil sie sein Manuskript mit Lämmchen und Gänseblümchen bekritzelt hatte. Sein Daumen wies immer noch die Narbe auf, die ihre kleinen Zähne verursacht hatten.

»Wir kennen dich nicht«, sagte Anne betont. »Du hast dich verändert. Du bist uns entfremdet.«

Er betrachtete die drei Menschen, die er liebte. Einen Augenblick lang fühlte er sich hilflos und zur Flucht getrieben. Er dachte daran zu flüchten – irgendwohin, um von ihnen wegzukommen. Warum hatte er überhaupt die Geborgenheit seines Laboratoriums verlassen? Doch er konnte ihnen nicht entrinnen, wo er sich auch befand. Er liebte sie, jeden von ihnen anders und alle viel zu sehr. Wohin er gehen mochte, da nahm er sie mit, weil er sie liebte ... Und nun mußte er ihnen gegenübertreten wie den sonstigen schweren Entscheidungen im Leben eines Physikers. Sollte er auch diese Erkenntnis bis zum Äußersten verfolgen, wie er die Frage von der im Atomkern eingeschlossenen Energie verfolgt hatte? Bisweilen hatte er sich danach gesehnt, der endgültigen Erkenntnis zu entrinnen, aber er war unerbittlich gegen sich gewesen. Für den Naturwissenschafter durfte es keine Flucht geben.

Trotz des Wissens, daß eine geheime Energie die Welt zerstören könnte, hatte er die Forschung als seine Pflicht weiterbetrieben. Sie konnte ja auch, richtig angewendet, Leben statt Tod bringen.

Auf seltsame Weise war auch die Liebe so – eine Macht zum Bösen wie zum Guten. Alles hing vom Menschen ab ... Wieso waren ihm diese drei also fremd, wenn er sie doch so sehr liebte? An diesem Weihnachtstag fühlte er nur Liebe. Was konnte er sagen, um sich ihnen verständlich zu machen?

Er setzte sich an den Küchentisch und blickte von einem Gesicht zum andern. Sie schauten ihn an, und er gab sich sanft vor ihnen.

»Anne«, begann er schließlich, ihr Gesicht unter den dreien wählend, »du bist so aufrichtig wie der Weihnachtsstern. Das weiß ich zu schätzen. Du sagst, ich hätte mich euch, meiner Familie, entfremdet. Und die ganze Zeit dachte ich, ihr hättet euch mir entfremdet – du und Hal, sogar auch du, Helen. Ich fühlte mich hier verloren. Aber ich habe mich schon lange verloren gefühlt – in meinem eigenen Hause.«

Anne war verlegen. Er sah es. Er mußte langsamer vorgehen.

»Du hattest zu tun, Vater ...«, sagte sie.

»Natürlich hatte ich zu tun«, pflichtete er bei. »Ich war zu weit entfernt von euch allen, war beschäftigt mit dem, was ich für meine Pflicht hielt – mit meiner Arbeit. Aber ich kann ohne euch nicht leben, meine ... meine Lieben, was ich auch tun mag.«

Er sehnte sich nach Verständnis; doch als er in ihren Gesichtern forschte, sah er immer noch Mißtrauen. Sie kannten ihn nicht von dieser Seite. Andere Erinnerungen spukten in ihrem Kopf. Er glaubte zu wissen, was sie dachten: Daß er um ihre Liebe buhlte, daß er sie zurückerobern wollte, daß er ihnen zeigen wollte, er wäre immer noch der fröhliche und zärtliche Vater, der leidenschaftliche Liebhaber und Ehemann.

Aber er mochte nicht betteln. Er wandte sich wieder an Anne: »Bleib bei der Aufrichtigkeit. Warum bin ich dir fremd?«

Ihr hübsches Gesichtchen schien sich zu verschließen.

»Die Leute fragen mich, wie es sei, einen Vater zu haben, der ... der die Atombombe gemacht hat. Sie fragen mich, was du jetzt machst. Und ich sage, ich wüßte es nicht. Weil ich es nicht weiß. Du erzählst uns ja nie etwas.«

Hal fiel ein: »Gib Vater nicht die Schuld an der Atombombe. Was er auch dazu beigetragen hat, meiner Ansicht nach mußte er es tun. Außerdem ist das alles vorbei – längst vorbei.«

In der großen, warmen Küche mischte sich der köstliche Tannenduft mit dem Bratengeruch. Draußen hatte sich der Tag gewandelt. Der Himmel war wieder dunkel, und Schneeflocken begannen in der windstillen Luft zu fallen. Für den Außenstehenden war es ein Weihnachtsbild ebenso alter Überlieferung wie der Truthahn im Ofen – der Tannenbaum, der da vor der Haustür wartete.

Soweit seine Kindheitserinnerungen reichten, war es jede Weihnacht so gewesen, heute aber gab es etwas in diesem Hause, das nie zuvor dagewesen war. Angst hatte sich entfaltet, Angst vor einer grauenhaften Zukunft, die durch ihn und seine Kollegen in den Bereich des Möglichen gerückt war.

Und wenn die Angst hier war, dann wohl auch in jedem anderen Hause, in jedem anderen Herzen, ein unausgesprochenes Geheimnis, ein ungeklärter Schatten? Er, dem die Entdeckung eines Wunders gelungen war, hatte es versäumt, es mit denen zu teilen, die er liebte. Sie kannten nur die Angst.

Er hob den Kopf. »Ich will versuchen, euch alles zu erklären. Ich glaube, ich weiß, warum ich euch unheimlich bin.«

Das konnte Anne nicht ertragen. »Unheimlich bist du uns eigentlich nicht, Vater. Aber niemand fühlt sich mehr sicher. Darum sind wir so ruhelos und vergnügungssüchtig

– wir wollen nicht darüber nachdenken. Keiner von uns will nachdenken ... so treiben wir uns gedankenlos herum.«

Helen wurde von Mitleid erfaßt. »Ich weiß, du kannst es nicht ändern, Arnold ...«

»Ich habe auch Angst«, sagte er schließlich. »Ich teile die Angst mit euch.« Sie hörten ihm zu wie noch nie zuvor. Er sagte etwas ganz Neues.

»Hast du Angst vor dir selbst?« fragte Anne.

»Nein«, entgegnete er bestimmt. »Ich kenne mich. Ja, ich habe mich verändert, doch nicht so, wie ihr meint. Niemand kann solche Entdeckungen machen wie ich, ohne sich zu ändern. Ich bin demütig geworden, demütiger denn je. Ich glaube an Gott ...«

Er sprach schlicht, er war sich der Bedeutung seiner Worte bewußt. Noch nie hatte er von Gott gesprochen. Als Agnostiker und Skeptiker war er auf seinen Unglauben stolz gewesen.

»Vielleicht nicht an den Gott meiner Vorfahren«, fuhr er fort, wobei er sich bemühte, einfach zu bleiben und nicht sentimental zu werden, »aber ja, ich glaube an den ewigen Schöpfer, der Himmel und Erde erschaffen hat ... Wie könnte ich nicht glauben? Im Kern des Atoms bin ich dem schöpferischen Werk begegnet – unsichtbar, doch zweckvoll, unermeßlich an Kraft und Energie ... Ich glaube, wo ich nicht sehen kann.«

Sie waren so still, als hielten sie den Atem an. Jetzt kam es ihm in den Sinn, daß er ihnen seine ernsten Gedanken nie enthüllt hatte. Die Tage der gemeinsamen Jahre waren an der Oberfläche dahingeglitten. Vielleicht war er zu scheu gewesen, die verborgene Wirklichkeit aufzudecken. Und sie hatten nach der Wirklichkeit gehungert.

Sie entspannten sich, während sie zuhörten; Anne saß auf dem Boden und legte die Hände um ihre hochgezogenen Knie; Hal lehnte sich mit den Händen in den Taschen an die Tür, und Helen saß gesenkten Hauptes am Tisch. Sie hörte ihm zu, das wußte er, aber vielleicht skeptisch? Vielleicht waren sie alle skeptisch.

Er geriet ins Stammeln. Er lachte gezwungen. »Große Worte, nicht wahr ... Mag sein, daß ich mir etwas vormache ...« Er verstummte.

»Ich muß den Truthahn begießen«, sagte Helen unvermittelt.

Nach dem Ausdruck ihres empfindsamen Gesichts vermutete er, daß sie sich dem Augenblick nicht gewachsen fühlte. Sie warteten, während sie die eiserne Ofentür öffnete. Sie schauten zu, wie sie das Fett mit einem großen Löffel abschöpfte und über den Braten goß. Auf diese Weise, dachte er, mischt sich im heutigen Leben das Große und das Kleine. Weihnachtsstern und Atomangst.

Sie goß sich ein Glas kaltes Wasser ein, trank es und setzte sich wieder an den Tisch.

»Weiter, Vater«, bat Anne.

»Ich weiß nicht, wie es nun weitergehen soll«, sagte er abrupt. »Es ist wahr, daß ich jahrelang fort war. Obwohl ich meistens zu Hause esse und schlafe, bin ich woanders. Vielleicht kann ich nicht zurück. Vielleicht werden wir uns nie mehr wirklich begegnen, ihr drei und ich. Naturwissenschafter führen ein einsames Leben. Wir haben keine Berührungspunkte, außer untereinander in unserer eigenen Welt. Darum halten wir immerzu Kongresse und Sitzungen ab ... wahrscheinlich um Menschen zu finden, die unsere Sprache reden ... mit denen wir uns durch Formeln verständigen können .. Ihr müßt mir auf halbem Wege entgegenkommen, ihr drei!«

»Angenommen, wir können es nicht«, sagte Anne leise.

»Dann muß ich wohl meinen Weg allein weitergehen«, antwortete er düster.

Helen erhob sich, ging zum Fenster und blickte zu den tanzenden Schneeflocken hinaus. »Wir leben alle zusammen im Atomzeitalter«, bemerkte sie. »Du warst nur zuerst dort, weiter nichts.«

»Das ist sehr klug von dir, mein Liebes«, gab er dankbar zurück.

Das Telephon läutete. Hal ging in die Diele hinaus, um das Gespräch entgegenzunehmen, und die andern warteten.

»Ich weiß nicht, ob ich kommen kann«, hörten sie ihn sagen. »Es wird noch eine Weile dauern, bis ich es weiß ... Jedenfalls wird es spät werden, wenn ich komme.«

Er kehrte in die Küche zurück. Er ließ sich auf der Matte vor dem Herd nieder, verschränkte die Hände hinter dem Kopf und starrte zur Decke empor.

»Weiter, Vater«, sagte er.

»Es gibt nicht mehr viel zu sagen. Ihr müßt mich auf Treu und Glauben hinnehmen. Ihr könnt an mich glauben, was ich auch tun mag, oder ihr könnt nicht an mich glauben. Ich kann nur sagen, daß ich eine ebenso echte Vision gehabt habe wie die drei Weisen, die dem Stern gefolgt sind. Sie glaubten, ein Kind werde ein neues Zeitalter bringen ... und das glaube auch ich.«

»Auch damals fürchteten sich viele Menschen vor dem neuen Zeitalter«, warf Helen ein.

»Wieder hast du recht«, antwortete er mit gleicher Dankbarkeit.

Sie hatte zum Fenster hinausgeschaut, und nun ging sie zur Brotbüchse und entnahm ihr eine Kruste, die sie zerkrümelte. Dann machte sie das Fenster auf und streute die Krumen aufs Sims.

»Ich sehe eine verspätete Walddrossel«, erklärte sie.

»Herodes wollte das Kind töten«, bemerkte Anne.

Arnold wandte sich ihr zu. »Er wollte das neue Zeitalter abwehren. Aber das kann niemand – niemand und nichts. Es gibt kein Zurück zu dem, was wir waren ... Herodes konnte das Kind nicht töten ... Und wir können den schöpferischen Atomkern nicht vernichten. Er ist ewig. Er ist da. Wir müssen ihn nutzen lernen – zum Guten, nur zum Guten.«

Er stand auf und ging rastlos hin und her, vom Südfenster zum Nordfenster, während die Schneeflocken an die Scheiben getrieben wurden. Die große alte Küche erstreckte sich an der ganzen Länge des festen Hauses. Und er sann laut ...

»Ich wünschte, ich hätte anders anfangen können – im Frieden statt im Krieg. Ich wünschte, es wäre mir vergönnt gewesen, Städte zu erhellen, Häuser zu wärmen und Treibstoff für wunderbare Maschinen herzustellen, die es noch nicht gibt ... Aber das war mir leider nicht beschieden. Zuallererst mußten wir einen Unmenschen an der Vernichtung der Welt hindern.«

Er blieb stehen.

»Versteht ihr? Hitler hätte uns vernichtet! Auch er war hinter der Atombombe her. Wir hatten nur ein paar Monate Vorsprung.«

Er schritt wieder auf und ab. »Das einzige, das ich im Leben fürchte, ist der Unmensch. Ich vertraue der Atomenergie – man kann sie erkennen und benutzen lernen –, sie ist berechenbar. Und ich vertraue einem guten Menschen, wie ich Gott vertraue. Aber dem Unmenschen – nein! Er ist der Feind – der einzige, den wir haben. Und er kann ebensogut nebenan wohnen wie auf der anderen Seite des Ozeans. Er könnte in einem von uns stecken – sogar in mir!«

Er blieb vor Anne stehen und wies mit dem Zeigefinger auf sie. »Deshalb hast du Angst vor mir!«

Er ließ die Hand sinken. »Mein Gott, Kind, du solltest wirklich vor mir Angst haben! Heute früh graute mir vor mir selbst.« Er drehte sich zu Hal um. »Junge, warum habe ich dich geschlagen?«

»Laß doch, Vater«, erwiderte Hal leise. »Ich war auch auf dich wütend.«

»Ich kann es nicht vergessen«, sagte Arnold. »Auch in mir ist etwas Menschenunwürdiges.«

Er sprach laut mit sich selbst, legte an diesem Weihnachtsmorgen seine Seele in Worte. Aber sie hörten zu. Obwohl es ihnen zuviel wurde, begriffen sie, was er meinte. Helen streckte die Hand aus, und er ergriff sie. Anne ließ den Kopf auf die angezogenen Knie sinken, und er sah, daß sie zitterte. Weinte sie? Er wußte es nicht.

Hal sprang vom Boden auf und klopfte ihm den Rükken. »Genug geredet! Jedenfalls glaube ich, daß wir einander ein wenig verstehen … Wir sollten nun den Baum aufstellen, Vater. Ich bringe ihn durch die Vordertür ins Wohnzimmer.«

»Und ich hole den Christbaumschmuck«, sagte Helen. Auf dem Weg zur Tür blieb sie stehen und gab Arnold einen Kuß. Aber Anne blieb mit gesenktem Kopf auf dem Boden sitzen. Er warf ihr einen Blick zu, ging zum Fenster und schaute hinaus. Es schneite nicht mehr, und am grauen Winterhimmel war da und dort wieder etwas Blau zu sehen. Ein launischer Tag, dachte er, und noch nicht zur Hälfte vorbei. Das frühe Aufstehen, auch wenn es einem Stern galt, machte sich fühlbar. Und alle diese Aufregungen in der Familie – wer wußte, wie tief das ging? Er hatte soviel Zeit verloren, daß sie sich an einem einzigen Tage kaum einholen ließ.

Da hob Anne den Kopf und begann. »Schon längst wollte ich es dir sagen … Ich bin sehr unglücklich.«

Sein Herz schlug schneller. Also hatte er doch nicht ganz versagt!

»Sag mir, warum du unglücklich bist, Anne.«

»Ich habe mich verliebt.«

Er zog das Fußkissen heran und ließ sich in ihrer Reichweite nieder, falls sie die Hand nach ihm ausstreckte.

»Das ist doch schön«, gab er sanft zurück.

»Nein«, widersprach sie. »Ich liebe einen Mann, der mich nicht wiederliebt.«

»Unmöglich! Ich kann mir nicht vorstellen, daß es einen Mann gibt, der dich nicht lieben würde.«

Sie lachte gepreßt, stand auf und legte die Wange an seinen Scheitel, so daß er ihr Gesicht nicht zu sehen vermochte.

»Er liebt mich nicht genug«, sagte sie. »Nicht genug, um meinetwegen etwas aufzugeben … nur um mich zu küssen und so weiter.«

»Und so weiter«, wiederholte er. »Du hast recht, das genügt nicht.«

»Siehst du«, bekräftigte sie. »Ich liebe ihn nämlich über alles. Deshalb muß es alles oder nichts sein … Vater, er ist verheiratet. Es ist also nichts.«

»Das ist traurig«, antwortete er ernst, »sehr traurig.« Seine Zärtlichkeit raubte ihr die Fassung.

»Ach Vater, die Welt ist leer!«

Er nahm sie auf den Schoß; wie früher war sie wieder ein Kind, immer noch ein Kind. Sie vergrub das Gesicht an seiner Schulter und weinte lautlos, wie ein gebrochenes Herz weinen muß. Nein, sie war kein Kind mehr … ein Kind schluchzt laut … Er hielt sie in den Armen und wartete. Die üblichen kleinen Trostesworte konnte er nicht vorbringen. Du bist erst zwanzig Jahre alt – es gibt noch andere hübsche junge Männer auf der Welt. Das wird vorbeigehen, mein Kind, es geht vorbei. Er wollte nur die Wahrheit sagen.

Sie hob das kummervolle Gesicht. »Werde ich jemals darüber hinwegkommen, Vater?«

»Nie«, antwortete er. »Über die großen Erlebnisse kommt man nicht hinweg. Sie bleiben in uns. Andere stehen dir noch bevor – auch andere Liebeserlebnisse. Alle werden sie dich erschüttern. Du wirst noch viel erleben. Wir müssen es – wir können dem Leben nicht entrinnen.«

Ihr Kopf sank wieder an seine Schulter, aber sie weinte nicht mehr. Er fühlte ihre Herzensqual, doch ihre Gedanken arbeiteten, sie besann sich auf ihren Willen. Sie richtete sich auf und strich ihr Haar glatt. »Weißt du, was geschehen wäre, wenn du nicht darauf bestanden hättest, über Weihnachten hierher zu fahren?« bemerkte sie.

»Sag es mir«, bat er.

»Ich wollte fortlaufen – mit ihm – für ein Wochenende. Und heute früh konnte ich es nicht. Ich hörte dich aufstehen und hinausgehen. Ich ging zum Fenster und sah dich durch den Schnee stapfen und dann lange bei der Scheune stehen.«

»Ich mußte den Stern wiedersehen«, erklärte er.

»Welchen Stern?«

Daraufhin erzählte er ihr, was ihm der Weihnachtsstern in der Kindheit bedeutet hatte, hier in diesem alten Hause, und wie er gestern in der Stadt von der unbezwinglichen Sehnsucht gepackt worden war, zurückzukehren und sich von neuem nach dem Stern zu richten.

Sie glitt von seinem Schoß – kein Kind mehr. »Genau das brauche ich – einen Leitstern.«

»Richtig abwägen«, sagte er, »was wichtig ist und was nicht.«

Währenddessen war sie zum Fenster gegangen, und nun schaute sie auf die verschneite Landschaft hinaus.

»Sag es nicht weiter, Vater, das von mir ...«

Er war entsetzt. »Wie kannst du annehmen, daß ich es tun würde?«

»Ich dachte, du könntest etwas zu Mutter sagen.«

»Hast du ihr nichts gesagt?«

»Nein. Sie hat schon genug Sorgen.«

»Etwas, wovon ich nichts weiß?«

»Sie glaubt, niemand wüßte es. Der Arzt hat mit mir gesprochen.«

Es lief ihm kalt über den Rücken. »Das hätte man mir sofort sagen müssen, Anne.«

»Gerade dir wollte sie es verheimlichen, und vor Weihnachten sollte es keiner von uns erfahren. Darum sprach der Arzt mit mir. Einer müßte es wissen, sagte er.«

»Sie wollte es mir verheimlichen«, wiederholte er benommen. »Darauf hätte sich der Arzt nicht einlassen dürfen!«

»Sie erlaubte ihm nicht einmal, ihr das Ergebnis der Untersuchung vor Weihnachten mitzuteilen. Deswegen weihte er mich ein – falls es ihr inzwischen schlechter ginge.«

Er stöhnte. »Alle diese geschlossenen Türen zwischen uns!«

Sie trat zu ihm und streckte die Hand aus, die er trostsuchend ergriff. »Du hast heute eine Tür geöffnet, Vater. Und eine offene Tür hilft uns allen. Jetzt können wir miteinander sprechen.«

»Willst du es denn?«

»Ich will – ich verspreche es dir.«

Sie lächelte ihn an; es war ein weises und trauriges Lächeln. Ihr Gesicht hatte schon etwas von der jugendlichen Unbekümmertheit verloren.

»Du wirst dich zurechtfinden«, sagte er, »nicht von heute auf morgen, sondern Schritt für Schritt, jeden Tag ein bißchen.«

»Ja ...«

Sie brach abrupt ab und schnupperte. »Der Truthahn!«

Sie eilte zum Backofen, und er ging lächelnd hinaus.

In der Diele rief er: »Helen, wo bist du?«

Irgendwo hinter einer geschlossenen Tür erklang undeutlich ihre Stimme.

»Sie ist oben«, rief Hal aus dem Wohnzimmer.

Der Christbaum war aufgerichtet, und Hal schlug soeben den letzten Nagel in den Fuß. »Sie ging hinauf, um den Schmuck zu holen. Vielleicht sucht sie immer noch den Stern für die Spitze. Sie konnte sich nicht erinnern, wohin sie ihn gelegt hat.«

Arnold wartete die letzten Worte nicht mehr ab. Er lief die Treppe hinauf zu Helens Schlafzimmer. Die Tür war abgeschlossen. Nochmals drückte er auf die Klinke. »Laß mich hinein, Helen!«

»Nur einen Augenblick, Lieber.«

Ihre Stimme drang schwach an sein Ohr, aber gleich darauf drehte Helen den Schlüssel um und machte die Tür auf. Sie sah ermattet aus. Ihre Augen wirkten riesengroß in dem blassen Gesicht.

»Liebling, was hast du?« rief er.

Er nahm sie in die Arme, und sie klammerte sich wortlos an ihn.

»Warum hast du dich hier versteckt und die Tür abgeschlossen?« fragte er.

»Ich wollte es dir nicht sagen«, flüsterte sie nach einer

Weile. »Ich wollte unser Weihnachtsfest nicht verderben.«

»Es ist ein Tag der Aussprache«, sagte er. »Es ist ein Tag des Vertrauens.«

»Ich fühle mich nicht gut«, stammelte sie. »Mir fehlt irgend etwas.

Er betrachtete das geliebte Antlitz, das an seiner Brust ruhte. Sie hatte die Augen geschlossen.

»Warum hast du es mir verheimlicht?«

»Ich konnte nicht – du warst in so weiter Ferne.«

»Bist du ganz allein zum Arzt gegangen?«

»Ja.« Das klang wie ein Seufzer.

»Und was sagte er?«

»Die Untersuchungen sind noch nicht beendet.«

»Bin ich immer noch in weiter Ferne?«

»Nein.«

»Nie wieder?«

»Nie mehr.«

»Morgen gehe ich mit dir zum Arzt – und ich bleibe bei dir.«

Das Gesicht, das sich ihm entgegenhob, war auf einmal erhellt. »O Arnold, willst du?« »Und vielleicht ist es nichts Schlimmes«, fuhr er fort, »vielleicht läßt es sich leicht in Ordnung bringen.«

Sie blickte zu ihm auf, aus ihren Augen sprach erneuertes Vertrauen. Er neigte den Kopf und küßte sie inniger als seit vielen Jahren. Sie waren sich wieder nahe.

Unten in der Diele telephonierte Hal.

»Hallo! Ich kann heute abend nicht kommen … Nein, auch später nicht … Ich werde nicht kommen, verstehst du? … Wir feiern daheim mit Christbaum und allem.«

Er legte den Hörer auf und rief durch das Treppenhaus: »Vater – Mutter – ihr beide da oben! Bringt ihr den Christbaumschmuck herunter? Und vergeßt bitte den Stern nicht!«

Sie lösten sich aus der Umarmung und lächelten. Es war unmöglich, an diesem Weihnachtstag keine Hoffnung zu hegen. Das war ja die Bedeutung des Sternes.

Leonid Andrejew

Das Engelchen

Der kleine Sascha hatte ein widerspenstiges Seelchen, manchmal kam ihm der Wunsch, dasjenige nicht zu tun, was man schlechtweg »leben« nennt, er wollte nicht früh aufstehen, sich nicht mit kaltem Wasser waschen, nicht zur Schule gehen, – da er aber erst acht Jahre alt war, wußte er nicht, wie man es einrichten könnte, nicht zu tun, was von ihm verlangt wurde, so tat er es weiter, doch tat er alles schlecht und brachte zu Weihnachten ein schlechtes Zeugnis aus der Schule. Heimkehrend, ging er zum Vater – diesen hatte er sehr lieb und hoffte von ihm weniger Tadel zu hören.

»Sascha!« sagte der Vater, »warum nur bist du so widerspenstig? Und Sweschnikow's haben für dich eine Einladung zum Weihnachtsbaum geschickt.«

Sweschnikow's waren reiche Leute, sie bezahlten das Schulgeld für Sascha, dessen Vater ihr früherer, wegen Krankheit früh pensionierter Beamter war. Sascha war es nicht angenehm, der Einladung Folge zu leisten, man würde dort sicher fragen, wie es ihm in der Schule ergehe. Doch bestand die Mutter darauf, daß er hingehe, und – um Sascha zum Gehorchen zu bewegen, sagte der Vater: »Geh hin, Söhnchen, vielleicht gibt man dir für mich ein kleines Geschenk, ich sitze schon eine Woche ohne Tabak.« Das genügte, um Sascha gefügig zu machen …

Die Kinder wurden nicht gleich in den Saal gelassen, sie waren aufgeregt und lärmten in Erwartung der Weihnachts-Bescherung. Da öffnete sich die Tür, und – den Atem anhaltend, die Äuglein weit aufgerissen, liefen alle in den Saal, wo eine große, herrlich geschmückte Tanne stand. Sascha ging, gleich den anderen Kindern, rund um den Baum; auf einmal blieb er stehen, seine Augen blitzten vor Verwunderung: auf einem der oberen Äste sah er einen aus Wachs gefertigten Engel hängen, seine Flügelchen waren durchsichtig und zitterten, bewegt durch die Wärme der rundum brennenden Kerzen. Er sah wie lebend aus, als wäre er bereit, gleich davonzufliegen. Sascha starrte ihn an, und in ihm erstand ein so starker Wunsch, den Engel sein eigen zu nennen, daß er – trotz seiner großen Schüchternheit – zur Hausfrau lief und sie bat: »Tantchen! Bitte, schenk mir den Engel!« »Das geht nicht, mein Kind; alle Sachen müssen bis Neujahr am Baum hängen bleiben, dann erst werden sie an die Kinder verteilt.« Sascha schien, als falle er in einen tiefen Abgrund … Er griff zu einem neuen Mittel: »Tantchen«, sagte er, »ich bereue es, unartig gewesen zu sein, und verspreche fest, von nun an gut zu lernen …« Doch auch diese Worte erweichten das Herz der Hausfrau nicht. Da rief Sascha mit entsetzter Stimme: »Gib ihn mir! Ich muß ihn haben!« und fiel vor Frau Sweschnikowa auf die Knie. »Du bist ja verrückt! Auf die Knie fallen tut man nur im Gebet vor Gott.« Doch als sie in die Augen des Buben schaute, unterbrach sie ihre Belehrung und fügte hinzu: »Was du für ein dummes Menschlein bist! Meinetwegen, – sollst das Engelchen haben.« Als Sascha den Engel in Händen hielt, blitzten ihm Tränen in den Augen, er sah die Hausfrau mit seligem Lächeln an, seufzte tief und verließ eilig den Saal. Er suchte nach seinem Mantel und lief heim. Die Mutter hatte sich schon niedergelegt, ermüdet von der Vorfeiertagsputzerei, in der Küche brannte aber noch eine kleine Petroleum-Lampe, der Vater wartete auf die Heimkehr von Sascha …

»Ist der Engel nicht wunderschön?« fragte der Knabe. »Ja«, entgegnete der Vater, »er hat was Besonderes an sich, paß auf, daß er uns nicht davonfliegt!« Sascha starrte das Spielzeug an, unter seinem unverwandten Blick schien das Engelchen größer, leuchtender zu werden, seine Flügel bebten noch stärker … und alles, die blakende Lampe, die verrauchte Tapete, der einfache Holztisch, ja die ganze ärmliche Einrichtung des Raumes verschwand … Dem alten Mann schien, er befinde sich wieder in der Welt, zu der er einst, als er noch nicht arbeitslos war, gehörte, als er weder Sorgen noch Not kannte, als sein Leben froh und hell dahinfloß … Das Engelchen war herabgestiegen und hatte einen Lichtstrahl in sein graues, eintöniges Leben gebracht. Und neben ihm, dem Alten, saß mit leuchtenden Augen, gleich glücklich wie er, das am Anfang des Lebens stehende Menschlein. Für beide waren Gegenwart und Zukunft entschwunden … Formlos und nebelhaft war Saschas Träumerei, alles Schöne, alle Hoffnungen seiner sehnenden Seele schien das Engelchen in sich eingesogen zu haben, daher strahlte es in solch herrlichem Licht, daher bebten so geheimnisvoll seine Flügel … In solchen Halbtraum versunken, war Sascha unbemerkt eingeschlafen, auch der Vater begab sich zur Ruhe.

Und das Engelchen? Aufgehängt in der Nähe des warmen Ofens, begann es zu schmelzen, dicke Wachstropfen flossen längs seiner Füßchen hinab, dann erbebte der ganze Engel, als wollte er tatsächlich fortfliegen, und fiel auf die heißen Platten des Ofens. Eine neugierige Schwabe begann die formlose Wachsmasse zu umkreisen, lief dann eilig davon … Ins Fenster drang das Licht der Morgendämmerung, im Hof klapperte der Wagen des Milchmanns, – und der Engel war nicht mehr! Was tat's? Durch sein kurzes Dasein hatte er doch die zwei Menschen für einige Zeit so glücklich gemacht!

Rafik Schami

Die Geburt

Es war oder es war nicht eine Frau namens Mariam Aladra. Sie studierte in Mainz Philosophie und Geschichte und hoffte, nach dem baldigen Abschluß ihres Studiums in ihre Stadt Bir Sait im Westjordanland zurückzukehren und dort Geschichte zu unterrichten, denn nichts in Arabien wird so geliebt und mißverstanden wie Geschichte, aber das ist eine andere Geschichte.

Mariams Stipendium war so knapp berechnet, daß sie allein nach Deutschland gekommen war. Doch konnte sie trotzdem etwas Geld sparen, das sie ihrem Mann Monat für Monat überwies, denn mit dem ersparten Geld aus Deutschland ließ sich eine kleine Werkstatt in Bir Sait einrichten. Und jedes Jahr im März fuhr Mariam nach Bir Sait, um ihre Sehnsucht nach ihrem Mann, ihren Eltern und Freunden, und sei es auch nur für ein paar Wochen, zu besänftigen. Und Mariam fand den Frühling in Bir Sait am schönsten.

Das ging so Jahr für Jahr, doch im letzten Jahr fühlte sie,

kurz nach ihrer Rückkehr, daß sie schwanger war. Sie rief ihren Mann an und teilte ihm die Nachricht mit. Er weinte vor Freude am Telefon und bat sie, gar nichts mehr zu sparen, sie solle sich lieber verwöhnen. Von nun an schrieb ihr Mann jede Woche zwei Briefe, einen an seine Frau und einen an seinen Cousin Jusuf Alnadschar, der seit einer Ewigkeit in Kaiserslautern studierte. Er beschwor den Cousin bei der Seele seines verstorbenen Vaters, auf Mariam aufzupassen und sie öfter zu besuchen.

Und so sahen sich Mariam und Jusuf öfter. Mariam empfand große Freude über den neu belebten Kontakt zu diesem schmächtigen und redseligen Cousin, der ein exzellenter Koch und Geschichtenerzähler war. Es verging keine Woche, ohne daß sie sich besuchten. So auch Anfang Januar dieses Jahres. Es war zwar ein eiskalter Tag, aber Mariam fühlte sich so wohl, daß sie beschloß, Jusuf zu besuchen. Sie wollte sich verwöhnen lassen und die neue Liebe Jusufs kennenlernen, von der er seit zwei Wochen schwärmte. Er hege, so erzählte er, einen Plan, das sinnlose Studium endlich aufzugeben und in Mannheim ein einmaliges Restaurant zu eröffnen. Nur fünf, sechs Tische. Er würde kochen und seine Freundin Claire würde bedienen und jede Nacht würde er den Gästen eine Geschichte zum Abschied erzählen. Claire sei von der Idee begeistert.

Es wurde ein lustiger Abend. Die beiden hatten in der kleinen Küche wahre Wunderwerke für sie gezaubert. Und Jusuf hatte nicht übertrieben, Claire war ein herzerfrischender Mensch. Mariam lachte viel. Plötzlich, während sie lachte, fühlte sie einen stechenden und ziehenden Schmerz im Becken und sie wußte sofort, daß die Geburt unmittelbar bevorstand. Es war ihre erste Schwangerschaft, doch irgend etwas in ihr sagte ihr mit sicherer Stimme: Jetzt! Die Wehen kamen schnell und heftig. Jusuf, besorgt um die Gesundheit seiner Verwandten, bot ihr an, sie nach Mainz in die Klinik zu fahren und bei ihr zu bleiben. Er zappelte wie ein aufgeregtes Küken. Seine Freundin merkte das. Als sie aus der Tür gingen, sagte sie ihm leise, aber mit Bestimmtheit: »Laß mich fahren, du bist viel zu aufgeregt!« Und sie fuhren die Landstraße von Kaiserslautern nach Mainz. Es war kurz nach neun. Die Nacht war klar und eiskalt. Der Rauhreif glitzerte auf der Straße, als wollte er sich bemühen, die Sterne des klaren Himmels zu spiegeln. Mariam biß die Zähne zusammen und schämte sich etwas, den Cousin so durcheinander gebracht zu haben, daß er trotz der Kälte ohne Jacke ins Auto gesprungen war. Kreidebleich schaute er sie an und fragte auf Deutsch: »Wie geht's?« Und Mariam mußte trotz der Schmerzen schallend lachen, weil Jusuf hörbar mit den Zähnen klapperte. Sie wollte ihn beruhigen, doch sie brachte kein Wort über die Lippen, sondern lachte und lachte und plötzlich fühlte sie, wie bei einem Lachanfall die Geburt ihres Kindes keine Sekunde mehr verzögert werden konnte.

»Halt schnell an. Das Kind kommt«, sagte Mariam und fühlte merkwürdigerweise nun keine Schmerzen mehr, sondern eine Art Rausch. Alles war fern und still. Claire fuhr rechts an den Straßenrand und brachte das Auto unter einer Brücke zum Stehen.

»Laß die Warnblinkanlage an«, riet Jusuf leise und half Mariam aus ihrem dicken Mantel. »Hinten im Kofferraum ist eine Decke«, sagte Claire, und Jusuf holte diese und stieß vor Aufregung mit seinem Kopf an die Kofferraumhaube, daß er an der Stirn blutete.

Mariam fing an zu pressen. Schnell rannte Jusuf, um Hilfe zu holen. Er wußte nicht wohin. Doch bald stieß er auf ein etwas heruntergekommenes Haus nahe der Brücke. Einige Lichter brannten und er drückte auf alle Klingeln. Mehrere Männer und Frauen schauten zum Fenster hinaus. Mit ängstlichen und mißtrauischen Blikken musterten sie den blutenden Araber. »Was ist mit dir, Mann?« fragte ein Afrikaner auf Englisch, und Jusuf war in seinem Innern seinem Englischlehrer zum ersten Mal in seinem Leben dankbar: »Die Frau meines Cousins bekommt gerade ihr Kind unter dieser Brücke. Bitte helft uns«, und als hätte er die fragenden Blicke der Bewohner verstanden, zeigte er auf seine Wunde und sagte verlegen lächelnd: »Ich habe meinen Kopf vor Aufregung verletzt. Bitte helft uns. Wir brauchen warmes Wasser, Tücher und Decken«, und er hüpfte beim Reden vor Aufregung und Kälte von einem Fuß auf den anderen. Eine Afrikanerin, eine Vietnamesin und eine blonde Russin eilten, gefolgt von ihren Männern und Kindern, Jusuf nach, und nach nur wenigen Schritten konnten sie vom Hang aus Miriam und Claire neben dem Auto sehen.

Und während die drei Frauen den Hang hinter Jusuf hinuntergingen, eilten die Männer in das Haus zurück, um Decken und warme Kleider zu besorgen. Ein Vietnamese brachte die ganzen ärmlichen Reserven aus der Küche: Joghurt, Thymian, Salz, Brot und Butter trug er in einer Holzkiste. Ein Perser kam kurz darauf mit einer großen Kanne Tee und alle standen um ein kleines Feuer, das Jusuf unter der Brücke entfacht hatte. Die Kinder sammelten Holz und warfen es fröhlich in die Flammen. Plötzlich hörten alle den ersten Schrei, mit dem jedes neugeborene Kind einen Stern in den Himmel ruft.

Ein Landstreicher mit altem Fellmantel torkelte den Hang hinunter und hob seine Weinflasche in die Höhe:

»Zum Wohl«, rief er und beinah wäre er über seinen großen schwarzen Hund gestolpert. Unten angekommen erkundigte er sich nach dem Grund der Versammlung und als er das Baby sah, fing er an zu weinen und eine nicht enden wollende Geschichte von seinem Sohn zu erzählen, den ihm der Staat weggenommen habe. Zwischendurch machte er eine Pause und beruhigte die Kinder, die Angst vor seinem Hund hatten. »Er ist kinderlieb, wie ich«, sagte er und streichelte seinen Hund.

Plötzlich näherte sich ein Streifenwagen der Polizei und hielt in einiger Entfernung. Zwei Polizisten stiegen aus und kamen mit langsamen Schritten näher.

»Was ist hier los?« fragte der Ältere.

»Eine Geburt«, antwortete Jusuf.

»Eine Geburtstagsparty. Fast wie Weihnachten!« bekräftigte der Penner und nahm einen kräftigen Schluck.

»Und wer hat das Feuer gemacht?« fragte der junge Polizist.

»Der Vater«, antwortete Mariam, in Decken gehüllt, aus dem Innern des Wagens.

»Sind Sie der Vater?« fragte der jüngere Polizist Jusuf höflich.

»Nein, nein. Der Vater ist mein Cousin. Er heißt Ruh Elkudus. Er hat das Feuer angezündet und löste sich wie ein Geist in Luft auf.«

Der ältere Polizist lachte und schüttelte den Kopf. Er bückte sich zu Mariam und dem Kind und sagte: »Ich rufe sofort einen Ambulanzwagen. Die Klinik ist nicht weit. Alles Gute!«

Er drehte sich um und hielt beim Anblick der Ausländer inne, die ihre Hände am Feuer wärmten. »Und das sind die Königinnen und Könige aus dem Morgenland«, sagte Jusuf und das Kükenhafte wich bei zunehmender Wärme und Gewißheit über den guten Zustand von Mariam und ihrem Sohn von ihm.

»Aber in der Bibel waren es doch nur drei Könige!« rief der alte Polizist und lachte.

»Oh, es waren bestimmt mehr als drei, und warum die Königinnen nicht genannt wurden, ist eine andere Geschichte«, antwortete die Russin und alle lachten, auch die Ausländer und der junge Polizist, die den Witz nicht verstanden, stimmten in das Lachen ein.

Isaac B. Singer

Die Macht des Lichts

Im Zweiten Weltkrieg, als die Nazis das Warschauer Getto in Schutt und Asche gelegt hatten, hielten sich ein Junge und ein Mädchen in den Ruinen versteckt: der vierzehnjährige David und die dreizehnjährige Rebekka.

Es war Winter, und draußen war es bitterkalt. Rebekka hatte den dunklen, teilweise eingestürzten Keller, der ihr Versteck war, schon seit Wochen nicht mehr verlassen; David jedoch ging alle paar Tage hinaus, um nach etwas Eßbarem zu suchen. Alle Läden waren ausgebombt, aber manchmal fand David steinhartes Brot, Konservendosen oder andere, von Schutt bedeckte Nahrungsmittel. In den Ruinen herumzulaufen war gefährlich. Manchmal fielen Ziegelsteine und Mörtel herunter, und außerdem konnte man sich leicht verirren. Aber dieses Risiko mußte David eingehen, wenn er und Rebekka nicht verhungern wollten.

Eines Tages war es besonders kalt. Eingemummt in alles, was sie noch zum Anziehen hatte, saß Rebekka auf dem Boden, aber warm wurde ihr trotzdem nicht. David war schon stundenlang unterwegs, und Rebekka wartete im Dunkeln darauf, ihn endlich zurückkommen zu hören. Sie wußte, daß ihr, wenn er nicht zurückkam, nichts anderes übrig blieb, als zu sterben.

Plötzlich hörte sie, wie jemand schwer atmete und ein Bündel fallenließ. David war zurückgekomme! Jetzt konnte sich Rebekka einfach nicht mehr beherrschen. »David!«

»Rebekka!«

In der Finsternis umarmten und küßten sie sich. Dann sagte David: »Rebekka, ich habe einen Schatz entdeckt.«

»Was denn für einen Schatz?«

»Käse, Kartoffeln, gedörrte Pilze und ein Päckchen Bonbons. Und ich habe noch eine Überraschung für dich.«

»Was für eine Überraschung?«

»Später.«

Sie waren zu hungrig, um viel zu reden. Heißhungrig aßen sie die Kartoffeln, die Pilze und ein Stück von dem Käse. Von den Bonbons nahm sich jeder nur einen. Dann fragte Rebekka: »Ist jetzt Tag oder Nacht?«

»Ich glaube, es ist schon dunkel geworden«, sagte David. Er hatte eine Armbanduhr und wußte immer, ob Tag oder Nacht war – und welcher Wochentag und welcher Monat. Nach einer Weile fragte Rebekka noch einmal: »Was für eine Überraschung?«

»Rebekka, heute ist der erste Chanukka-Abend. Ich habe eine Kerze und Streichhölzer gefunden.«

»Chanukka? Heute abend?«

»Ja.«

»O mein Gott.«

»Ich werde die Chanukkakerze segnen«, sagte David.

Er strich ein Zündholz an, und Licht leuchtete auf. Rebekka und David betrachteten ihr Versteck: Backsteine, Rohre, holpriger Boden. David zündete die Kerze an. Rebekka blinzelte. Zum ersten Mal seit vielen Wochen konnte sie David richtig sehen. Sein Haar war verfilzt, sein Gesicht schmutzverschmiert, aber seine Augen strahlten vor Freude. Trotz Aushungerung und Verfolgung war er ein ganzes Stück gewachsen. Er wirkte älter als vierzehn – fast schon wie ein erwachsener Mann. So jung die beiden auch noch waren, sie hatten beschlossen, zu heiraten, falls ihnen die Flucht aus dem besetzten Warschau gelingen würde. David hatte Rebekka zum Zeichen ihrer Verlobung einen blitzblanken Groschen geschenkt, den er in der Tasche gehabt hatte, als das Haus, in dem sie beide gewohnt hatten, zerbombt worden war.

Nun sprach David den Segensspruch über die Kerze, und Rebekka sagte: »Amen.« Beide hatten ihre Angehörigen verloren und hatten Grund genug, wegen all der Qualen, die sie erdulden mußten, mit Gott zu hadern – aber das Licht der Kerze brachte Frieden in ihr Herz. Dieser Lichtschimmer inmitten von so viel Dunkelheit schien zu sagen: Das Böse hat die Macht noch nicht ganz übernommen. Es gibt noch einen Hoffnungsschimmer.

Schon seit einiger Zeit dachten David und Rebekka daran, aus Warschau zu fliehen. Aber wie? Das Getto wurde Tag und Nacht von den Nazis bewacht. Jeder Schritt war gefährlich. Immer wieder verschob Rebekka die Flucht auf später. Im Sommer, so sagte sie oft, würde es leichter sein, zu entkommen. Aber David wußte, daß sie in diesem elenden Zustand wohl kaum bis zum Sommer überleben würden. Irgendwo draußen im Wald waren junge Männer und Frauen – Partisanen genannt –, die gegen die Nazibesatzung kämpften. David wollte sich mit Rebekka zu ihnen durchschlagen. Und jetzt, im Lichtschein der Chanukkakerze, faßte Rebekka wieder Mut. »David, laß uns fliehen!«

»Wann?«

»Wann du es für richtig hältst.«

»Der richtige Zeitpunkt ist *jetzt.* Ich habe einen Plan.«

Ausführlich erklärte er Rebekka die Einzelheiten. Der Plan war mehr als riskant. Die Nazis hatten das Getto mit Stacheldraht eingezäunt und ringsum auf den Dächern Wachtposten mit Maschinengewehren postiert. Nachts waren Scheinwerfer auf die Ausgänge des zerstörten Gettos gerichtet. Aber David hatte auf seinen Streifzügen durch die Ruinen den Einstieg in einen Abwasserkanal entdeckt, durch den man seiner Vermutung nach auf die andere Seite gelangen konnte. Er sagte Rebekka, es bestände nur eine geringe Chance, mit dem Leben davonzukommen. Vielleicht würden sie im Abwasser ertrinken oder dort unten erfrieren. Außerdem wimmle es in den Kanälen von hungrigen Ratten. Aber Rebekka war trotzdem bereit, die Flucht zu wagen. Den Winter über im Keller zu bleiben hätte den sicheren Tod bedeutet.

Als die Chanukkakerze fast niedergebrannt war und zu blaken und flackern begann, packten David und Rebekka ihre Habseligkeiten zusammen. Rebekka wickelte die Lebensmittelreste in ein Kopftuch, David steckte die Streichhölzer ein und nahm ein Stück von einem Leitungsrohr als Waffe mit.

In Augenblicken großer Gefahr können Menschen ungewöhnlichen Mut aufbringen. David und Rebekka machten sich auf den Weg durch die Ruinen. Manchmal mußten sie auf allen vieren kriechen, um durchzukommen. Doch das Gefühl, etwas im Magen zu haben, und die Freude, die die Chanukkakerze in ihnen erweckt hatte, schenkten ihnen den Mut, weiterzugehen. Endlich fand David den Einstieg in den Abwasserkanal. Glücklicherweise war der Kanal zugefroren. Und offenbar hatte die eisige Kälte die Ratten vertrieben. Hin und wieder legten David und Rebekka eine Pause ein, um sich zu verschnaufen und um zu lauschen, Dann schlichen sie vorsichtig weiter. Plötzlich blieben sie wie angewurzelt stehen. Von oben war das Rattern einer Straßenbahn zu hören. Sie waren auf der anderen Seite angelangt! Jetzt mußte sie nur noch einen Ausstieg aus dem Kanal finden und dann möglichst schnell die Stadt verlassen.

An diesem Chanukka-Abend schienen viele Wunder zu geschehen. Weil die Nazis Angst vor feindlichen Flugzeugen hatten, war für Warschau völlige Verdunklung angeordnet worden. Und weil es bitterkalt war, hielten weniger Gestapoleute Wache. David und Rebekka schafften es, aus dem Abwasserkanal ins Freie zu gelangen und sich unentdeckt aus der Stadt zu stehlen. Im Morgengrauen erreichten sie einen Wald, wo sie sich ausruhen und einen Bissen essen konnten.

Obwohl die Partisanen nicht weit von Warschau entfernt waren, brauchten David und Rebekka eine ganze Woche, bis sie sich zu ihnen durchgeschlagen hatten. Nachts waren sie unterwegs, tagsüber hielten sie sich versteckt – manchmal in Kornspeichern, manchmal in Scheunen. Manche Bauern halfen heimlich den Partisanen und denen, die auf der Flucht vor den Nazis waren. Hin und wieder bekamen David und Rebekka ein Stück Brot, ein paar Kartoffeln, einen Rettich oder etwas anderes Eßbares, das die Bauern sich abknapsen konnten. In einem Dorf begegneten die beiden einem jüdischen Partisanen, der dort Proviant für seine Gruppe beschaffen wollte. Er war Mitglied der »Haganah«, einer Organisation, die Männer aus dem Land Israel ins besetzte Polen schickte, um jüdische Flüchtlinge vor den Nazis zu retten. Der junge Mann brachte David und Rebekka zu den anderen

Partisanen, die sich im Wald versteckt hielten. Es war der letzte Tag des Chanukkafestes, und am Abend zündeten die Partisanen acht Kerzen an. Einige spielten auf einem Baumstumpf Dredl, während die anderen Wache hielten.

Von diesem Tag an glich das Leben von David und Rebekka einer Geschichte aus einem Buch. Immer mehr Flüchtlinge, die nur den einen Wunsch hatten, im Land Israel eine Heimstatt zu finden, schlossen sich ihnen an. Sie reisten nicht immer per Bahn oder Bus. Sie gingen zu Fuß. Sie schliefen in Ställen, in ausgebrannten Häusern oder irgendwo anders, wo sie sich vor dem Feind verstecken konnten. Um ans Ziel ihrer Wanderschaft zu gelangen, mußten sie sich über die tschechische, die ungarische und die jugoslawische Grenze schmuggeln. An der jugoslawischen Küste wartete mitten in der Nacht ein Boot auf sie, dessen Mannschaft aus Haganah-Leuten bestand und in das alle Flüchtlinge mitsamt ihren Habseligkeiten verfrachtet wurden. Das geschah in aller Heimlichkeit, denn Jugoslawien war von den Nazis besetzt.

Aber die Gefahr war noch längst nicht vorüber. Sie hatten, obwohl Frühling war, stürmische See, und das Boot war für eine so lange Fahrt zu klein. Naziflugzeuge sichteten das Boot und versuchten, wenn auch vergeblich, es mit Bomben zu versenken. Dazu kam die Angst vor den in der Tiefe lauernden U-Booten der Nazis. Die Flüchtlinge konnten nichts anderes tun als beten, und diesmal schien Gott ihre Gebete zu erhören: Es gelang ihnen, wohlbehalten zu landen.

Von den Juden des Landes Israel wurden sie so liebevoll begrüßt, daß sie ihre Leiden vergaßen. Sie waren die ersten Flüchtlinge, die das Heilige Land erreicht hatten, und man unterstützte und tröstete sie, so gut man konnte. Rebekka und David machten im Land Israel Verwandte ausfindig, von denen sie mit offenen Armen aufgenommen wurden. Sie waren zwar abgemagert, aber noch gesund genug, um sich rasch zu erholen. Als sie wieder bei Kräften waren, wurden sie in eine speziell für Ausländer eingerichtete Schule geschickt, in der sie modernes Hebräisch lernten. Beide waren fleißige Schüler. Als David die Oberschule absolviert hatte, begann er mit dem Studium an der Technischen Hochschule in Haifa. Rebekka, die eine besondere Begabung für Sprachen und Literatur hatte, studierte in Tel Aviv. Aber die beiden trafen sich jedes Wochenende. Als Rebekka achtzehn geworden war, heiratete sie ihren David. Sie zogen in ein kleines Haus mit Garten in Ramat Gan, einem Vorort von Tel Aviv.

Das alles weiß ich, weil David und Rebekka mir ihre Geschichte ungefähr acht Jahre später an einem Chanukka-Abend in ihrem Haus in Ramat Gan erzählten. Die Chanukkakerzen brannten, und Rebekka briet Kartoffelpuffer, die sie uns mit Apfelmus auftischte. David und ich spielten Dredl mit ihrem kleinen Sohn, den sie nach seinen beiden Großvätern Menachem Eliezer genannt hatten. Wie David mir erzählte, war der große hölzerne Kreisel derselbe, mit dem die Partisanen an jenem Chanukka-Abend in dem Wald in Polen Dredl gespielt hatten. Und Rebekka sagte zu mir: »Wenn die kleine Kerze nicht gewesen wäre, die David damals in unser Versteck mitbrachte, dann säßen wir heute nicht hier. Dieser Lichtschimmer hat in uns eine Hoffnung und Kraft geweckt, von der wir gar nicht wußten, daß sie in uns war. Dieses Dredl werden wir Menachem Eliezer schenken, wenn er alt genug ist, um zu begreifen, was wir durchgemacht haben und auf welch wunderbare Weise wir gerettet wurden.«

Werner Wollenberger

Janine feiert Weihnachten

Wann ist Weihnachten? Man sagt, am 24. Dezember, am 25. vielleicht. Das habe ich auch immer geglaubt, bis jene Geschichte passierte, die ich jetzt erzählen möchte. Seither bin ich nicht mehr so sicher.

Die Geschichte nahm ihren Anfang im Sommer des Jahres 1958 in einem kleinen Juradorf. Das Juradorf war wirklich sehr klein – ein paar Häuser, ein Bäcker, zwei, drei Wirtschaften, eine kleine Schule, eine Kirche und ein paar Familien über die Hänge verstreut. Eine dieser Familien bestand aus einem jungen Ehepaar und einem achtjährigen Mädchen, nennen wir es Janine.

Janine war ein fröhliches Mädchen, aber in diesem Sommer begann es zu kränkeln. Es wurde apathisch, es war immer müde, es nahm nicht mehr an den Spielen seiner Gefährtinnen teil; es begann Kopfweh zu haben, es wollte morgens nicht mehr aufstehen; es war krank. Zuerst schien die Sache nicht sehr besorgniserregend; aber nachdem Janine immer mehr zu klagen begann, ging die

Mutter zum Arzt des nächsten größeren Dorfes. Der Arzt untersuchte sie und kam der Krankheit nicht auf die Spur.

So fuhr die Mutter denn eines Tages im September nach Basel und ließ Janine von einem berühmten Professor an der Universitätsklinik untersuchen. Der Bescheid, den Janines Mutter bekam, war erschreckend. Janine hatte Leukämie, eine Blutkrankheit, gegen die es auch heute noch kein Mittel gibt und die binnen kurzer Zeit zum sicheren Tode führt. Der Professor gab Janine höchstens noch zwei Monate zu leben. Die Mutter war verzweifelt. Sie beschwor den berühmten Arzt, sie bat ihn, sie fragte, was sie tun könne, und dem Arzt blieb nichts übrig, als ihr zu sagen, das einzige, was sie für Janine noch unternehmen könne, sei, ihr die letzten Wochen ihres Lebens so schön wie immer möglich zu machen.

Janines Eltern waren nicht reich, aber es ging ihnen nicht schlecht, und sie beschlossen, für Janine zu tun, was immer nur zu tun sei: mit ihr zu reisen, ihr die Schweiz zu zeigen, die Welt zu zeigen, sie mit Geschenken zu überschütten.

Aber Janine wollte von all dem nichts wissen. Sie wollte nicht reisen, sie wollte keine Geschenke haben. Sie hatte nur einen einzigen Wunsch, und das war: Weihnachten zu feiern. Sie wollte Weihnachten haben, und zwar wunderschöne Weihnachten, wie sie sich ausdrückte, Weihnachten mit allem, was Weihnachten zu Weihnachten macht. Das war der einzige Wunsch, der Janine nicht zu erfüllen war. Dezember rückte näher, der Vater wurde immer verzweifelter, und in seiner Verzweiflung vertraute er sich einem Freund, nämlich dem Lehrer des Dorfes, an. Zusammen kamen die Männer auf eine Idee. Der Vater ging nach Hause, mit gespielter Begeisterung erzählte er Janine, daß Weihnachten ausnahmsweise in diesem Jahre früher stattfinden werde, und zwar bereits am 2. Dezember. Janine war ein gescheites Kind und glaubte die Geschichte zunächst nicht; das heißt, sie hätte sie gerne geglaubt, aber sie konnte das gar nicht fassen. Nun, der Vater sagte, mit Ostern sei es ja auch so, und genauso sei es nun eben einmal mit Weihnachten. Die Idee schien dem Vater sehr gut; er hatte nur etwas dabei vergessen: Weihnachten ist ein Fest, das man nicht alleine feiern kann. Zu Weihnachten gehören die Weihnachtsvorbereitungen, das Packen der Paketchen, der Geschenke. Zu Weihnachten gehört als Vorbereitung, daß in den Geschäften die Geschenke ausgestellt sind, daß die Christbäume auf dem Dorfplatz aufgerichtet werden. Zu Weihnachten gehört die ganze Zeit vor Weihnachten, und zu Weihnachten gehört vor allem, daß alle es feiern.

Der nächste im Dorf, der ins Vertrauen gezogen wurde, war der Bäcker. Und der Bäcker beschloß, seine Lebkuchenherzen dieses Jahr schon früher zu backen. Er beschloß auch, sein berühmtes Schokoladenschiff, das er jedes Jahr ausstellte, dieses Jahr schon früher ins Fenster zu stellen und aus den Schloten des Schiffes die Watte dampfen zu lassen. Und nun begannen die anderen Geschäftsleute des Dorfes, die sich zunächst gesträubt hatten – denn Weihnachten ist für Geschäftsleute nicht nur ein Fest, sondern eben auch ein Geschäft –, die Leute, die sich zunächst gesträubt hatten, begannen auch, ihre Weihnachtsvorbereitungen zu treffen.

Der Plan setzte sich immer fester in den Köpfen der Leute des kleinen Juradorfes. In der Schule wurde gebastelt; im Kindergarten wurde gebastelt; den Kindern wurde eingeschärft, daß Weihnachten dieses Jahr früher sei als in anderen Jahren, und es wurde überall gemalt, gebacken. Die Hausfrauen machten mit; die Väter gingen auf den Dachboden, holten die Lokomotiven und die Eisenbähnchen und begannen, sie neu zu bemalen oder auszubessern; die Puppen wurden in die Puppenklinik gebracht. In dem kleinen Dorf setzten schon Mitte November ganz große Weihnachtsvorbereitungen ein. Der letzte Widerspruch, der zu überwinden war, war der des Pfarrers: Konnte er denn die ganze Weihnachtsliturgie vorwegnehmen? Er konnte es. Er setzte Weihnachten für den 2. Dezember fest.

Der 2. Dezember kam, und es wurde ein wundervolles Weihnachten für Janine, ein Weihnachtsfest wie in anderen Jahren. Die Sternsinger kamen, verteilten ihre Lebkuchen, ihre Nüsse, ihre Birnen, und sogar aus dem Radio kam weihnachtliche Musik, kam »O du fröhliche«, kamen die Schweizer Weihnachtslieder, und daran war nicht das Radio schuld, daran war ein kleiner Elektriker im Dorf schuld, der eine direkte Leitung in das Haus Janines gelegt hatte und vom Nebenhaus her Platten abspielte, deren Musik nun direkt aus dem Lautsprecher kam.

Es war ein wundervolles Weihnachtsfest, und zwei Tage später starb Janine. Am 24. Dezember 1958 wurde in diesem kleinen Juradorf nicht mehr Weihnachten gefeiert.

Theodor Storm

Unterm Tannenbaum

Ein paarmal hatte Harro mit bescheidenem Finger an die Tür gepocht, und ein leises »Geduld!« der Mutter war die Antwort gewesen. Endlich trat Frau Ellen selbst herein. Lächelnd – aber ein leiser Zug von Weh war doch dabei – streckte sie ihre Hände aus und zog ihren Mann und ihren Knaben, jeden bei einer Hand, in die helle Weihnachtsstube.

Es sah freundlich genug aus. Auf dem Tische in der Mitte, zwischen zwei Reihen brennender Wachskerzen, stand das kleine Kunstwerk, das Mutter und Sohn in den Tagen vorher sich selbst geschaffen hatten, ein Garten im Geschmack des vorigen Jahrhunderts mit glattgeschorenen Hecken und dunkeln Lauben; alles von Moos und verschiedenem Wintergrün zierlich zusammengestellt. Auf dem Teiche von Spiegelglas schwammen zwei weiße Schwäne; daneben vor dem chinesischen Pavillon standen kleine Herren und Damen von Papiermaché in Puder und Kontuschen. – Zu beiden Seiten lagen die Geschenke für den Knaben; eine scharfe Lupe für die Käfersammlung, ein paar bunte Münchener Bilderbogen, die nicht fehlen durften, von Schwind und Otto Speckter; ein Buch in rotem Halbfranzband; dazwischen ein kleiner Globus in schwarzer Kapsel, augenscheinlich schon ein altes Stück. »Es war Onkel Erichs letzte Weihnachtsgabe an mich«, sagte der Amtsrichter; »nimm du es nun von mir! Es ist mir in diesen Tagen aufs Herz gefallen, daß ich ihm die Freude, die er mir als Kind gemacht, in späterer Zeit nicht einmal wieder gedankt – nun haben sie mir den alten Herrn im letzten Herbst begraben!«

Frau Ellen legte den Arm um ihren Mann und führte ihn an den Spiegeltisch, auf dem heute die beiden silbernen Armleuchter brannten. Auch ihm hatte sie beschert; das erste aber, wonach seine Hand langte, war ein kleines Lichtbild. Seine Augen ruhten lange darauf, während Frau Ellen still zu ihm emporsah. Es war sein elterlicher Garten; dort unter dem Ahorn vor dem Lusthause standen die beiden Alten selbst, das noch dunkle volle Haar seines Vaters war deutlich zu erkennen.

Der Amtsrichter hatte sich umgewandt; es war, als suchten seine Augen etwas. Die Lichter an dem Moosgärtchen brannten knisternd fort; in ihrem Schein stand der Knabe vor dem aufgeschlagenen Weihnachtsbuch. Aber droben unter der Decke des hohen Zimmers war es dunkel; der Tannenbaum fehlte, der das Licht des Festes auch dort hinaufgetragen hätte.

Da klingelte draußen im Flur die Glocke, und die Haustür wurde polternd aufgerissen. »Wer ist denn das?« sagte Frau Ellen; und Harro lief zur Tür und sah hinaus.

Draußen hörten sie eine rauhe Stimme fragen: »Bin ich denn hier recht beim Herrn Amtsrichter?« Und in demselben Augenblicke wandte auch der Knabe den Kopf zurück und rief: »Knecht Ruprecht; Knecht Ruprecht!« Dann zog er Vater und Mutter mit sich aus der Tür.

Es war der große bärtige Mann, der den beiden Spaziergängern vorhin oberhalb der Stadt begegnet war; bei dem Schein des Flurlämpchens sahen sie deutlich die rote Hakennase unter der beschneiten Pelzmütze leuchten. Sein langes Gepäck hatte er gegen die Wand gelehnt. »Ich habe das hier abzugeben!« sagte er, indem er auch den schweren Quersack von der Schulter nahm.

»Von wem denn?« fragte der Amtsrichter.

»Ist mir nichts von aufgetragen worden.«

»Wollt Ihr denn nicht näher treten?«

Der Alte schüttelte den Kopf. »Ist alles schon besorgt! Habt gute Weihnacht beieinander!« Und indem er noch einmal mit der großen Nase nickte, war er schon zur Tür hinaus.

»Das ist eine Bescherung!« sagte Frau Ellen fast ein wenig schüchtern.

Harro hatte die Haustür aufgerissen. Da sah er die große dunkle Gestalt schon weithin auf dem beschneiten Wege hinausschreiten.

Nun wurde die Magd herbeigerufen, deren Bescherung durch dieses Zwischenspiel bis jetzt verzögert war; und als mit ihrer Hülfe die verhüllten Dinge in das helle Weihnachtszimmer gebracht waren, kniete Frau Ellen auf dem Fußboden und begann mit ihrem Trennmesser die Nähte des großen Packens aufzulösen. Und bald fühlte sie, wie es von innen heraus sich dehnte und die immer schwächer werdenden Bande zu sprengen strebte; und als der Amtsrichter, der bisher schweigend dabeigestanden, jetzt die letzten Hüllen abgestreift hatte und es aufrecht vor sich hingestellt hielt, da war's ein ganzer mächtiger Tannenbaum, der nun nach allen Seiten seine entfesselten

Zweige ausbreitete. Lange schmale Bänder von Knittergold rieselten und blitzten überall von den Spitzen durch das dunkle Grün herab; auch die Tannäpfel waren golden, die unter allen Zweigen hingen.

Harro war indes nicht müßig gewesen, er hatte den Quersack aufgebunden; mit leuchtenden Augen brachte er einen flachen, grünlackierten Kasten geschleppt. »Horch, es rappelt!« sagte er. »Es ist ein Schubfach darin!« Und als sie es aufgezogen, fanden sie wohl ein Schock der feinsten weißen Wachskerzchen.

»Das kommt von einem echten Weihnachtsmann«, sagte der Amtsrichter, indem er einen Zweig des Baumes herunterzog, »da sitzen schon überall die kleinen Blechlampetten!«

Aber es war nicht nur ein Schubfach in dem Kasten; es war auch obenauf ein Klötzchen mit einem Schraubengang. Der Amtsrichter wußte Bescheid in diesen Dingen; nach einigen Minuten war der Baum eingeschroben und stand fest und aufrecht, seine grüne Spitze fast bis zur Decke streckend. – Die alte Magd hatte ihre Schüssel mit Äpfeln und Pfeffernüssen stehenlassen; während die andern drei beschäftigt waren, die Wachskerzen aufzustecken, stand sie neben ihnen, ein lebendiger Kandelaber, in jeder Hand einen brennenden Armleuchter emporhaltend. – Sie war aus der Heimat mit herübergekommen und hatte sich von allen am schwersten in den Brauch der Fremde gefunden. Auch jetzt betrachtete sie den stolzen Baum mit mißtrauischen Augen. »Die goldenen Eier sind denn doch vergessen!« sagte sie.

Der Amtsrichter sah sie lächelnd an: »Aber, Margret, die goldenen Tannäpfel sind doch schöner!«

»So, meint der Herr? Zu Hause haben wir immer die goldenen Eier gehabt.«

Darüber war nicht zu streiten; es war auch keine Zeit dazu. Harro hatte sich indessen schon wieder über den Quersack hergemacht. »Noch nicht anzünden!« rief er, »das Schwerste ist noch darin!«

Es war ein fest vernageltes hölzernes Kistchen. Aber der Amtsrichter holte Hammer und Meißel aus seinem Gerätkästchen; nach ein paar Schlägen sprang der Deckel auf, und eine Fülle weißer Papierspäne quoll ihnen entgegen. – »Zuckerzeug!« rief Frau Ellen und streckte schützend ihre Hände darüber aus. »Ich wittere Marzipan! Setzt euch; ich werde auspacken!«

Und mit vorsichtiger Hand langte sie ein Stück nach dem andern heraus und legte es auf den Tisch, das nun von Vater und Sohn aus dem umhüllenden Seidenpapier herausgewickelt wurde.

»Himbeeren!« rief Harro. »Und Erdbeeren, ein ganzer Strauß!«

»Aber siehst du es wohl?« sagte der Amtsrichter. »Es sind Walderdbeeren; so welche wachsen in den Gärten nicht.«

Dann kam, wie lebend, allerlei Geziefer; Hornisse und Hummeln, und was sonst im Sonnenschein an stillen Waldplätzen umherzusummen pflegt, zierlich aus Tragant gebildet, mit goldbestäubten Flügeln; nun eine Honigwabe – die Zellen mochten mit Likör gefüllt sein –, wie sie die wilde Biene in den Stamm der hohlen Eiche baut; und jetzt ein großer Hirschkäfer, von Schokolade, mit gesperrten Zangen und ausgebreiteten Flügeldecken. »Cervus lucanus!« rief Harro und klatschte in die Hände.

An jedem Stück war, je nach der Größe, ein lichtgrünes Seidenbändchen. Sie konnten der Lockung nicht widerstehen; sie begannen schon jetzt den Baum damit zu schmücken, während Frau Ellens Hände noch immer neue Schätze ans Licht förderten.

Bald schwebte zwischen den Immen auch eine Schar von Schmetterlingen an den Tannenspitzen; da war der Himbeerfalter, die silberblaue Daphnis und der olivenfarbige Waldargus, und wie sie alle heißen mochten, die Harro hier vergebens aufzujagen gesucht hatte. – Und immer schwerer wurden die Päckchen, die eins nach dem andern von den eifrigen Händen geöffnet wurden. Denn jetzt kam das Geschlecht des größern Geflügels; da kam der Dompfaff und der Buntspecht, ein Paar Kreuzschnäbel, die im Tannenwald daheim sind; und jetzt – Frau Ellen stieß einen leichten Schrei aus – ein ganzes Nest voll kleiner schnäbelaufsperrender Vögel; und Vater und Sohn gerieten miteinander in Streit, ob es Goldhähnchen oder junge Zeisige seien, während Harro schon das kleine Heimwesen im dichtesten Tannengrün verbarg.

Noch ein Waldbewohner erschien; er mußte vom Buchenrevier herübergekommen sein; ein Eichhörnchen von Marzipan, in halber Lebensgröße, mit erhobenem Schweif und klugen Augen. »Und nun ist's alle!« rief Frau Ellen. Aber nein, ein schweres Päckchen noch! Sie öffnete es und verbarg es dann ebenso rasch wieder in beiden Händen. »Ein Prachtstück!« rief sie. »Aber nein, Paul; ich bin edelmütiger als du; ich zeig's dir nicht!«

Der Amtsrichter ließ sich das nicht anfechten; er brach ihr die nicht gar zu ernstlich geschlossenen Hände auseinander, während sie lachend über ihn wegschaute.

»Ein Hase!« jubelte Harro, »er hat ein Kohlblatt zwischen den Vorderpfötchen!«

Frau Ellen nickte. »Freilich, er kommt auch eben aus des alten Kirchspielvogts Garten!«

»Harro, mein Junge«, sagte der Amtsrichter, indem er

drohend den Finger gegen seine Frau erhob; »versprich mir, diesen Hasen zu verspeisen, damit er gründlich aus der Welt komme!«

Das versprach Harro.

Der Baum war voll, die Zweige bogen sich; die alte Margret stöhnte, sie könne die Leuchte nicht mehr halten, sie habe gar keine Arme mehr am Leibe.

Aber es gab wieder neue Arbeit. »Anzünden!« kommandierte der Amtsrichter, und die klein und großen Weihnachtskinder standen mit heißen Gesichtern, kletterten auf Schemel und Stühle und ließen nicht ab, bis alle Kerzen angezündet waren.

Der Baum brannte, das Zimmer war von Duft und Glanz erfüllt, es war nun wirklich Weihnachten geworden.

Janina David

Wer glaubt noch an den Weihnachtsmann?

Dein neuer Anzug ist gekommen. Eine Nummer größer als im Vorjahr. Möchtest du ihn anprobieren?«

»Ich will ihn nicht haben.«

»Aber warum denn nicht?«

»Ich werde diese lächerlichen Klamotten nie wieder anziehen.«

»Was ist denn damit?«

»Vergiß nicht, ich bin ein alter Mann. Alt und müde und … kurz und gut: Ich reise nicht mehr. Nirgendwohin.«

»Was?«

»Es bleibt dabei. Und jetzt laß mich in Ruhe.«

»Das kannst du doch nicht machen! Denk bloß an all die Kinder! Überall auf der Welt warten Kinder auf dich, träumen von …«

»Die warten auf ihre Geschenke – nicht auf mich! Glaubt ja auch kaum noch einer an mich.«

»Also komm jetzt! Und was bedeuten all diese Briefe?

Tausende von Briefen aus jedem Winkel der Erde! Und alle an dich adressiert ...«

»Und was steht drin? *Lieber Weihnachtsmann, bring mir*... Bring mir! Wenn du einen findest, in dem *Bitte bring mir* steht, ist das eine echte Rarität. Bei den meisten heißt es bloß *Bring mir dieses, bring mir jenes, bring mir, bring mir, bring mir!* Was glauben die, was ich bin? Ein Versandhandel?

»Also – sei mir nicht böse – aber daran bist du auch ein wenig selbst schuld«, brummelte das älteste Rentier. »Du hast die Bälger verzogen. Jahrelang hast du ihnen anstandslos gebracht, was sie sich wünschten – ohne auch nur ein einziges Mal den Nachweis zu verlangen, daß sie das Jahr über auch wirklich brav gewesen sind.«

»Das ist nicht zu machen. Es sind zu viele. Ich muß froh sein, wenn ich es schaffe, alles pünktlich an die richtige Adresse zu liefern. Du warst doch selbst dabei, du weißt doch, wie wir uns immer abstrampeln mußten!«

»Aber diese Freude! Dieses Glück, durch die Luft zu fliegen, wir drei voraus, du hinten im Schlitten, in der frostklaren Nacht ...«, schwärmte das mittlere Rentier von seiner letzten Tour – noch ganz erfüllt vom aufregenden Abenteuer der Fernreise.

»Ich hasse die Reiserei. Mir wird schwindlig auf diesem Schlitten. Ich darf gar nicht nach unten sehen, sonst wird mir übel. Ich bin zu alt für dieses ewige Rauf und Runter. Und diese lächerliche, rote Montur... Nein, wenn ich noch einmal meine Pflicht tun soll – dann wenigstens in einem vernünftigen Aufzug.«

»Das heißt?«

»Da ich nun einmal nicht mehr bin als ein Bote oder ein Lieferant, also jemand, der in Geschäften reist, will ich auch wie ein Geschäftsmann gekleidet sein.«

»… und in den südlichen Ländern«, sinnierte und brabbelte das jüngste Rentier, das zum ersten Mal mit auf die Reise gehen sollte, vor sich hin, »in den südlichen Ländern soll es immer warm sein, sogar nachts. Was ist das: warm?«

»Ich will einen anständigen Anzug, etwas Geschmackvolles: grauer Flanell vielleicht. Oder auch Tweed – mit Weste und goldener Taschenuhr an einer Kette. Und mit ganz vielen Taschen. Und keine Schaftstiefel mehr! Ich möchte elegante schwarze Halbschuhe mit Gummizug, die man mühelos ausziehen kann. Und dann noch einen passenden Hut. Eine Melone vielleicht …«

»Kein Mensch trägt mehr Melone. Nicht mal in London.«

»Was ist *warm*? Wie fühlt sich das an?« Das jüngste Rentier ließ sich nicht abbringen und stieß dem Weihnachtsmann die Schnauze direkt ins Gesicht.

»Mir gleich, ob man das noch trägt. Ich wollte schon immer eine Melone. Und einen Stockschirm.«

»Mit einem schweren Sack auf dem Rücken über die Dächer klettern und durch die Schornsteine rutschen, das alles im Tweedanzug und mit Melone, weißt du, was da passiert?« fragte das älteste Rentier.

»Was denn?«

»Der erstbeste Polizist, der uns über den Weg läuft, sperrt dich ein. Ich sehe es schon vor mir: *Was* tun Sie, Sir? Geschenke ausliefern? Auf dem Dach? Durch den Schornstein? Ich verstehe … Würden Sie bitte kurz Ihren Sack öffnen, Sir? Ah. Computer, Videospiele, ein Fahrrad … eine Puppe? Wohl im Dunkeln danebengegriffen, Sir? Und wie sagten Sie gleich, war Ihr Name? Nikolaus? *Sankt* Nikolaus? Ha, ha, ha! Nein, ich finde das überhaupt nicht witzig. Ein Mann in Ihrem Alter! Das beste wird sein,

Sie erklären uns das alles noch einmal genauer. Auf der Wache.«

»Da gibt es Palmen und Kakk-k-tuss-tusse« – das jüngste Rentier hatte Schluckauf. Und glasige Augen.

»Habt ihr getrunken?« Der Weihnachtsmann schnüffelte argwöhnisch.

»'türlich nicht«, protestierte das Rentier und schwankte entrüstet.

»Was habt ihr denn gegessen?«

»Äh … Moos, Flechten und …«

»Und – was noch?«

»Äh … Beeren. Unter dem Schnee gab es Beeren, und die waren irgendwie … sagt man *vergoren*?«

»Wunderbar! Dann soll ich jetzt wohl Leib und Leben einer Bande betrunkener Rentiere anvertrauen?«

»Heißt das, es geht los?« Mit neu erwachter Begeisterung warfen die Rentiere die Köpfe hoch, ihre Geweihe stießen klirrend aneinander, rot glänzten ihre Nasen vor Freude.

»Der Weihnachtsmann seufzte und griff zu seiner Flasche: Met, extra stark. »Vielleicht. Vielleicht nur noch dieses eine Mal.«

»Woher kommen denn plötzlich deine Zweifel? Warum hast du überhaupt daran gedacht, aufzugeben?« wollte das älteste Rentier wissen.

»Also, wißt ihr, das ist so: Immer mehr Leute behaupten, es gibt mich gar nicht. Und wenn niemand an mich glaubt … wie soll ich dann selber an mich glauben?« Der Weihnachtsmann genehmigte sich einen tiefen Schluck, bevor er weitersprach: »In all den Jahren – und es waren harte, arbeitsreiche Jahre – hat *mir* niemals jemand etwas geschenkt! Nicht die kleinste Anerkennung habe ich bekommen! Nach all den Mühen und Plagen, die ich auf mich genommen habe, um ihre Träume, ihre Wünsche und Forderungen zu erfüllen, ihre Bestellungen auszuführen … Als Gegenleistung? Als Dank? Nichts … Weil niemand mich liebt. So ist es doch: Niemand liebt den Weihnachtsmann.«

Die drei Rentiere schnieften, kämpften mit den Tränen und scharrten betreten im Schnee.

»Das stimmt nicht, Nikolaus. Wir lieben dich. Und zum Beweis dafür …« Sie kamen ins Stottern, sahen einander verlegen an: Sie hatten nichts, was sie dem Weihnachtsmann zum Beweis ihrer Liebe hätten schenken können.

»Augenblick! Bleib du nur hier sitzen und warte. Es wird nicht lange dauern!« Sie nahmen den Schlitten und eilten davon, verschwanden im Dunkel der Polarnacht.

Und deshalb, lieber Freund: Wenn du es einmal in einer dunklen Winternacht an deine Tür klopfen hörst und wenn du dann öffnest und drei Rentiere stehen vor dir, die einen leeren Schlitten ziehen, die leicht schwanken, nach vergorenen Beeren riechen und um eine kleine Gabe bitten, dann gib großzügig und mit frohem Herzen, wenn du, ja, wenn du an den Weihnachtsmann glaubst.

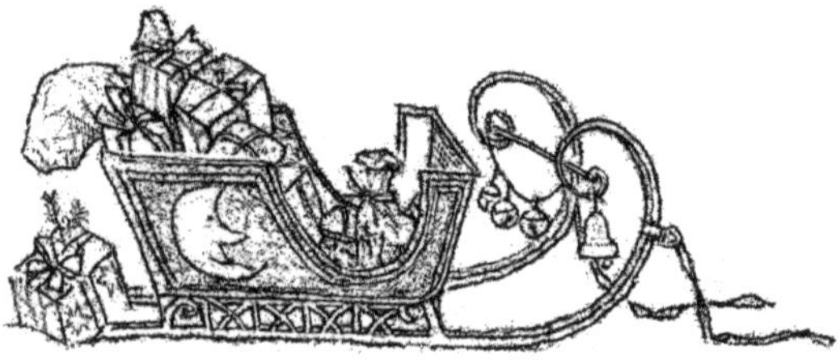

Teresa Bloomingdale

Liber Weinachtsmann …

»Wenn Sie weiße Weihnachten wollen, dann sorgen Sie dafür, daß der Weihnachtsmann Ihrem Kind keinen Schlitten bringt.«

Während das Briefschreiben vielleicht eine vergessene Kunst geworden ist, ist das Briefschreiben an den Weihnachtsmann noch immer ein beliebter Zeitvertreib, besonders in den unteren Klassen, wo Lehrer verzweifelt versuchen, Sechs-, Sieben- und Achtjährige in diesen letzten hektischen Wochen vor Weihnachten zu beschäftigen.

Es folgen einige Beispiele für die Erfindungsgabe und Zuversicht (nicht zu sprechen von der Gier) einer Gruppe von Grundschülern, die Briefe an den Weihnachtsmann als Klassenaufgabe gestellt bekamen. Zum Glück gelang es mir, diese Prachtstücke zu retten, bevor die gewissenhafte Lehrerin Zeit hatte, sie zu korrigieren und zum Nordpol zu schicken. (Natürlich wollte sie sie dem Weihnachtsmann schicken! Lehrer sind gläubig, müssen Sie wissen. Sie müssen es sein!)

Liewer Weinasmann,
zu Weinaten wünsche ich mir ein Zangenrahd und einen Baukastn und eine Pistohle, die richtiges Wasser spritzt. Bitte mach schnel.

Liewe Grüse, Martin

Lieber Weihnachtsmann,
ich hoffe, Du hast sehr schöne Weihnachten. Ich hoffe, ich habe schöne Weihnachten. Wiedersehen.

Liebe Grüße, Julie

Liber Weinachtsmann,
wie geht es Dir? Mir geht es gut. Bringst du mir Schi und Boxantschu und Bongbongs und Schbilsachen und wen mir noch was einfehlt sag ichs dir noch.

Libe Grüse Patty

Lieber Weinachsmann,
meine Mami sagt, ich kann eine Puppe krigen die ißt und trinkt und weint aber sich nicht nas machen kann.

Liebe Grüse, Annie

Liber Weinatsmann,
bite bring mit einen kleinen bruhder zu Weinaten. Mein Papi sagt, es giebt dort keine Bebis am Nordpol und fileicht bringst Du mir statdessen einen kleinen Hunt. Ich möchte liber einen kleinen bruhder. P. S. Du kannst mir auch einen kleinen hunt bringen, wen du wilst.

Libe grüse, Tim

Lieber Weinachtsmann
Weinachtsmann, das wird dir jetzt fileicht ein bischen komisch vorkommen, aber ich will einen Kompjuter und

eine Keule wie der Keptn Höhlenbär Oh übrigens das wird mein letzer brif an Dich sein ich werde nextes jar neun und werde nicht mer an den Weinachtsmann glauben.

P. S. Aber dieses jar glaube ich an den Weinachtsmann!

Liebe Grüße, Jeff

Lieber Weihnachtsmann,
zu Weihnachten wünsche ich mir einen Legobaukasten und ein Autokarambolagespiel. Und mach viel Lärm wenn Du kommst damit ich Dich dieses Jahr sehen kann.

Dein Freund Steve

Lieber Weihnachtsmann,
ich möchte eine Stereoanlage mit einem Radio und einem Plattenspieler und Sachen für meine Eisenbahn. Ich weiß nicht was sonst, weil ich bald Geburtstag habe und wenn ich keine Sachen kriege die ich will dann sage ich es Dir damit Du sie zu Weihnachten bringen kanst. Wenn Du Schalplatten bringst bitte bring nicht die für die kleinen Kinder.

Liebe Grüße, Kevin

Lieber Weinachzmann,
ich möchte ein Sketbord und ein neues Farrad und barrenstangen zum turnen.

Liebe Grüße, Cheryl

Lieber Weihnachtsmann,
ich hofe, Du hast schöne Weihnachten. Ich hofe, Du hast viele Spielsachen, weil es werden viele Kinder hier sein. Ich hofe, Du hast was wircklich schönes mit. Ich hofe, ich kann Dich am Weihnachtsabend sehen. Ich hofe wir krie-

gen einen neuen Weihnachtsbaum stat einem neuen Baby wie letzes Jahr.

Liebe Grüße, Kathleen

Lieber Weinachtsmann,
wie geht es Dir? Mir geht es gut. Ich will nicht viel dieses Jahr, aber ich weiß das meine Schwester viel will. Hier meine Liste Kasettenrekorder, Woodstockpuppe, Aleksanderpuppe und viel Schmuk.

Liebe Grüße, Kristin

Lieber Weihnachtsmann,
ich hoffe, du hast schöne Weihnachten und hier ein paar Sach die ich mir wünsche einen Fußball einen Flugzeugträger der schiest zwei Flieger abschiesen kann.

In Liebe, Mike

Lieber Weinarzmann,
ich möchte einen Hydrokopter und Shogun und Maschinpistole und ein paar andere Sache di du loswerden willst und ich hoffe, Du hast eine schöne Zeit am Nord Pol.

In Liebe, Mike

Lieber Weinachtsmann,
wirst Du nicht müde wenn du jedes Jahr die ganze Zeit den Schornstein rauf und runterkletterst. Warum macht das nicht einer deiner Helfer für dich? Du kannst durch unsere Vordertühr hereinkommen wenn du willst aber leute nicht an der gloke sonst wekst du meinen Papi auf.

In Liebe, Jim

Lieber Weihnachtsmann,
ich Liebe Weihnachten. das sind die schönsten Ferien. Ich wolte, du würdest öfter komen. Wie wärs mit Ostern oder im somer mir ist es imer Recht.

Hochachtungsvoll, Robert

Liber Weihnachtsmann,
ich wünsche mir 1000 Frachtzüge und 72 Autos und 80 schachteln pralinen und einen ganzen haufen schbielsachen die nicht kabutgehen. und mach schnel.

Dein Freund Patrick

Hallo Weihnachtsmann,
wie ist es dir dieses Jahr gegangen? Also mir gehts gut. Also es ist Weihnachten und du wirst ein Paar Spielsachen bringen und viele andere Sachen. Und ich werde mich freuen und du auch. Und viele andere Kinder werden sich auch freuen. Also bis später.

gezeichnet Kevin

Lieber Weihnachtsmann,
ich wünsche mir eine Barbie-Puppe, Barbie-Auto und ein Barbie-Haus, aber keine blöde Knabenpuppe.

Danke Nancy

Lieber Weihnahchtsmann,
wie geht es dir? und wie geht es deinen Elfen? Mir geht es sehr gut. Es schneit hier und ich hoffe, wir kriegen einen Schneesturm damit wir morgen nicht zur Schule gehen müssen.

von Tricia

Liebe Weihnachtsmann,
ich wünsche mir ein Skateboard und ein Spiel namens Kerker und Drachen und wen mir noch was einfält schreibe ich wieder.

Deine Mary

Lieber Weihnachtsmann,
ich mag dich weil du geschenke verteilst. du bist ser lieb und ich möchte Dich als meinen papi.

In Liebe Danny

Lieber Weinasmann,
das ist blöd weil ich weis das es keinen Weinasmann gibt. Wen du wircklich der Weinachsmann bist beweis es und bring mir file spilsachen!

Tom

Lieber Weinachtmann,
wen du zu uns komst kom nicht unseren schornstein herunter weil er in den ofen geht und du wirst verbrennen! kom zur Fordertür und mein Papi wird dich hereinlassen. Fröliche Winachten!

Dein freund Francis

Liber Weihnachtsmann,
ich wünsche mir einen Erdbermürbkuchen ein Spil eine Puppe die Milch tringt ein Hüntchen einen Vogel Taucherbrile Schizeug ein Theater

Achtungsvoll, Jennifer

lieber Wienachtsmann
ich wünsche mir eine Katze eine Mickeymaus die redet einen Swimmingpool einen Hund der geht.

Teddy

Lieber Weinachts Mann
ich hoffe, Du kommst dieses Jahr. Weil ich mag dich. Ich mag Weinachten. Ich wünsce mir ein neues rad und auch eine Kamrea. Ich wünsche mir ein neues Radioh und auch ein paar Schrumpfmännchen servus.

von Melanie

Lieber Weihnachtsmann,
ich wünsche mir einen Hampelmann eine Babipuppe und ein paar Bücher bitte. Ich liebe Dich sehr. Ich wünsche mir einen Abreisblock.

In Liebe, Dave

Lieber Weihnachtsmann,
jetzt erklere ich Dir, wie man zu meinem Haus komt. Kom nach Omaha Nebraska dann such ein großes weißes Haus mit einer hundehüte hinten und einem Farrad mit drei rädern vorne. Ich wünsche mir ein farrad mit zwei rädern weil ich kein kleines kind mer bin.

Bis dann, Bill

A. J. Cronin

Weihnachtsgeschichte

Bei Anbruch der Morgendämmerung erwachte Seraja, des Herbergswirts Frau, und der erste Blick sagte ihr, daß Elah nicht neben ihr lag. Sie seufzte und blieb noch einen Augenblick still liegen, eines neuen Tages gewärtig, der ihr Herz mit neuer Last beschweren mochte. Die wirren Zeitläufte kamen ihr zu Bewußtsein, die Drangsale, die über Judäa gekommen; dahin alle Freiheit, das Volk schmachtend unter dem harten Joch des römischen Statthalters, gezwungen, vor dem im Tempel aufgestellten Bildnis des vergotteten Kaisers das Knie zu beugen. Allenthalben im Lande teils dumpfes Verzagen, teils freche Ungebühr: Raub und Mord an der Tagesordnung, Verfall der Sitten, schamlose Entweihung des Göttlichen; die Atemluft vom Geist der Gewalttätigkeit verpestet. Mußte nicht, so fragte sich Seraja, etwas kommen, dem allem Einhalt zu gebieten? Und peinigender noch stellte sich Serajas eigene Not vor ihren Blick, der Jammer unter dem eigenen Dach, der ihr das Herz abdrückte.

Der Morgen war grau und unfroh, vom Hermongebirge wehte scharfer Wind herüber; doch raffte sie sich, vom Gefühl ihrer Pflicht getrieben, auf und begann sich anzukleiden. Sie schauerte leicht. Bethlehem lag auf einer Höhe, allen Winden preisgegeben, und der Winter brachte scharfen Frost. Seraja war, obschon über die Vierzig hinaus, noch gefällig anzuschauen, von zartem Wuchs, und in ihr offenes Gesicht stand Gutherzigkeit geschrieben. In Ruhe gelassen, bot sie ein Bild inneren Friedens. Ihre grauen Augen, von der gleichen Farbe wie das schlichte Gewand, in das sie sich nun hüllte, hatten die Tiefe eines, der mehr sieht als die Außenseite der Dinge; Augen, die erraten ließen, daß Seraja sich, vielleicht gezwungen, eine eigene Welt geschaffen hatte.

Mit dem Ankleiden fertig, überzeugte sie sich mit einem letzten Blick, daß alles in der Kammer an seinem Platz war; sie wollte eben gehen, als vorsichtig und leise die Tür geöffnet wurde. Es war Elah. Sichtlich in Verlegenheit, weil er sie schon auf den Füßen fand, blieb er zögernd in der Tür stehen; brachte überstürzt Erklärungen dafür, daß er schon weg gewesen, vor. Er war, wie er sagte, schon zu sehr früher Stunde hinuntergegangen, um alles Erforderliche für die Gäste, die heute ins Haus strömen würden, vorzubereiten. Plötzlich, ganz unvermittelt, brach dann wieder die gereizte Stimmung in ihm durch, die er in letzter Zeit so oft gezeigt, und er murrte verdrossen über die Mehrarbeit, die ihm aufgelastet wurde, weil jetzt die Leute zuhauf in die Stadt strömten, um sich in die Steuerlisten eintragen zu lassen, wie es Herodes Antipas befohlen. Erst als er sich in seiner Rede unterbrach, offenbar eine Antwort heischend, sagte sie gelassen:

»Es ist doch gar nicht deine Art, Elah, dich darüber zu beklagen, daß Leute in die Herberge strömen.«

»Wenn es willkommener Zulauf ist, dann gewiß nicht«, erwiderte er gereizt. »Doch es ist eine sehr gemischte Gesellschaft, mit der wir heute zu rechnen haben. Alles Pack ist unterwegs.«

»Warum machst du dir dann so viel zu schaffen? Mußt ja mitten in dunkler Nacht, lange vor Einbruch der Morgendämmerung aufgestanden sein?«

Es entging ihr nicht, daß er unter ihrem ruhigen Blick errötete.

»Einer muß doch wohl das Nötige vorbereiten ... ja doch, einer muß es wohl tun. Warum also nicht ich?«

Während er in sichtlicher Verlegenheit drauflos schwatzte, antwortete sie kaum. Es war das Mitleid mit seiner Schwäche, das sie stumm hielt. Und zugleich glaubte sie aus seiner spürbaren Verwirrung und seinen forschenden Seitenblicken eine leise Hoffnung schöpfen zu dürfen, daß sie ihm immer noch etwas bedeutete.

Es hellte bereits auf, als sie hinunterging; schon herrschte in der Küche reges Leben. Die beiden tüchtigen Mägde, Rachel und Athalea, beide Seraja treu ergeben, waren emsig am Werk, den Herd für einen geschäftigen Tag zu rüsten. Kochtöpfe mit Linsen standen schon auf dem Feuer, Wasser war vom Brunnen geholt, eine Ziege briet am Spieß, wie es das Gesetz Moses vorschrieb. Rachel knetete dunkles Gerstenmehl, das sie auf der steinernen Handmühle gemahlen hatte. An sie wandte sich Seraja: »Wir werden für heute einen zweiten Schub Brote backen müssen ... und für das Fleisch wird Tunke aus Butter und Milch nötig sein. Vergiß auch nicht, einige Kürbisse mehr mit Oliven zu füllen.«

»Ach, Herrin«, erwiderte Rachel, die Kleine mit dem dunklen Haar, und warf ihr einen spöttischen Blick zu, »denen, die heute kommen, um sich auf die Steuerlisten setzen zu lassen, wird es wohl an der rechten Eßlust fehlen.«

»Trotzdem werden sie essen«, sagte Seraja mit mattem Lächeln, »um wenigstens ihren Kummer hinunterzuwürgen.« Nun wandte sie sich zu Athalea: »Wenn das Brot im Ofen ist, sieh zu, daß die Stuben oben bereit sind.«

Malthas war, wie Seraja aufatmend feststellte, noch nicht aufgetaucht. Sie kam immer zu spät, teils weil sie von Natur aus träge war, teils weil sie viel Zeit darauf wendete, sich sorgfältig zurechtzumachen; oft nahm das eine Stunde und noch mehr in Anspruch. Malthas' Bruder aber, Zadok, war bereits draußen im Hof, Seraja hörte ihn, wie er die Stallburschen anfuhr und ihnen mit schallender Stimme befahl, Weinkrüge ins Haus zu schleppen, ganz als wäre er der Wirt und nicht ein berüchtigter Spitzbube, der schon eine Menge Verfehlungen auf dem Gewissen hatte. Vor einigen Jahren war er in seinem Heimatort Lydda öffentlich als Dieb ausgepeitscht worden.

Das freche Geschrei Zadoks ließ Seraja wieder an seine Schwester denken, die sich jetzt oben vor dem Spiegel für den Tag herausputzte, und dieser Gedanke drang wie ein

Schwert in Serajas Herz, doch raffte sie sich sofort wieder auf und wandte sich ihren häuslichen Aufgaben zu. Es war ihre Umsicht und ihre Emsigkeit, mit denen sie ausglich, was Elahs Nachlässigkeit und sein jäh aufbrausendes Temperament verdarben, seit Malthas und Zadok ins Haus gekommen waren. Zuerst waren die beiden bloß Knecht und Magd gewesen, doch bald hatten sie Sicherheit gewonnen und traten nun mit einer Anmaßung auf, die nur von Elahs Schwäche für Malthas herrühren konnte.

Die zehnte Stunde war bereits herum, als Malthas mit lautem Gelächter ihren Einzug in die Küche hielt, angetan mit dem reichverzierten Kleide, das Elah ihr geschenkt hatte. Herausfordernde Frechheit und pfiffige Selbstsicherheit, die Seraja grausam ins Herz schnitten, waren in Malthas' Stimme, als sie rief:

»Ist ja ein vielversprechender Tag, heute! Da wird auch allerlei für uns abfallen. Draußen auf der Straße wimmelt es schon von Leuten, die unterwegs sind.«

»Gewiß«, damit blickte Seraja, den Schöpflöffel in der Hand, vom Bratspieß auf, »aber nicht alle diese Leute werden so reich und so freigebig sein, wie du es dir wünschtest.«

»Elah wird sich schon die zahlungskräftigen heraussuchen, das kann ich dir versprechen«, lachte die andere wissend.

»Du glaubst also, daß du dich für ihn verbürgen kannst?«

Obwohl ihre Nerven zitterten, zwang Seraja sich zu einer ruhigen Antwort.

»Warum nicht?« Malthas ließ ihre Ohrgehänge klirren. Die Hände in die Hüften gestemmt, stand sie da wie eine Tänzerin. »Sag doch, wie gefällt dir mein Kleid?«

Seraja fühlte die verstohlenen Blicke, die die Mägde ihr zuwarfen, und das Mitleid, das sie zu fühlen bekam, schärfte den Schimpf der Herausforderung. Dennoch beherrschte sie sich und antwortete gelassen:

»Ja, ein schönes Kleid. Und kostbar, ohne Zweifel.«

»Darum schickt es sich für den heutigen Tag. Wird allerlei hergehen, bevor der zu Ende ist.«

Und wirklich machte sich das lebhafte Treiben auf der Straße und im Hause jetzt spürbar. Die Herberge lag inmitten von Olivengärten an der Landstraße, die nach Bethlehem führte; nur eine Viertelmeile von der Stadt entfernt, die Rehabeam mit einem mächtigen Festungswall umgeben hatte. Wer dahin wollte oder von da zurück kam, mußte unausbleiblich hier vorbeikommen. Erbaut hatte das Haus Elahs Großvater, ein Mann von streng rechtlicher Gesinnung, Mitglied des Bundes der Zeloten; von ihm hatte es geheißen, er sei einer, der lieber zehn Talente einbüßte, als jemanden um einen Sekel zu überfordern. Seit jenen Tagen erfreute sich die Gaststätte guten Rufs und lebhaften Zuspruchs. Und nun, in Elahs Händen, stand es nicht mehr so gut um diesen Ruf, doch hatte er das Haus ansehnlich ausgebaut, sogar um ein Atrium erweitert, das nach römischer Art von oben her sein Licht erhielt. Diese und ähnliche Neuerungen lockten jetzt eine zahlreiche, wenn auch vielleicht minder erlesene Gästeschar ins Haus.

So war der Tag denn auch noch nicht weit vorgeschritten, als die Herberge bereits überfüllt, alle Stuben belegt, der Innenhof mit einer lärmenden Menge von Schmausenden und Trinkenden besetzt war. Welche davon führten lebhafte Klagereden, andere vergaßen die Mühsal der unfreiwilligen Reise und den düsteren Ausblick auf neue römische Steuern, indem sie den Speisen und dem Wein zusprachen. Elah lief geschäftig zwischen ihnen hin und her, trieb die Mägde an und schalt die Diener, verlor jedoch darüber keinen Augenblick lang sein Hauptanliegen aus den Augen: Nie, so schien es Seraja, war die Habgier, in den letzten Monaten zur Fieberhitze gesteigert, so deutlich in seinen Blicken und Mienen zu lesen gewesen. Und noch nie hatten Malthas und Zadok so deutlich gezeigt, wie sie zu ihm standen; immer hielten sie sich in seiner Nähe, hatten stets ein Lächeln für ihn bereit, dienstbeflissen und vertraulich zugleich. Die Blicke, die sie untereinander austauschten, verhießen Seraja nichts Gutes.

Und wirklich begann sich in der Frau des Herbergswirtes, als die schwere Last der Mittagszeit von ihr wich und der lange lärmerfüllte Nachmittag vorrückte, ein seltsames Gefühl zu bilden und Gestalt zu gewinnen, das Bewußtsein, sie stände vor einer Entscheidung. Wie, so fragte sie sich, sollte das alles weitergehen? Wohl glaubte sie, daß Elah sie noch wert hielt, doch war es unverkennbar, daß er mehr und mehr unter Malthas' Einfluß geriet. Zwanzig Jahre war sie verheiratet, sie kannte ihren Gatten gut; wohlmeinend in manchem, von eher weicher als harter Natur, war er doch ganz von seiner Gewinngier beherrscht, stets nur auf Erwerb bedacht; und wenn er auch launisch und unberechenbar war, hatte er ihr doch bisher immer eine gewisse Rücksicht entgegengebracht. In letzter Zeit aber war er anders geworden. Wie besessen von Streben nach Vorteil, dem sie nur geringere Bedeutung beimaß, hatte er alle Strenge gegen sich selbst verloren und huldigte den lockeren Auffassungen und Lebensformen, die von den fremden Machthabern ins Land gebracht worden waren.

Eines schien ihr sicher – nie wäre es dazugekommen, wenn ihr Kind am Leben geblieben wäre ... Gewiß, das

Kind wäre ein Band gewesen, das sie aneinander fesselte. Doch es hatte dem Allmächtigen gefallen, ihren kleinen Sohn von ihnen zu nehmen, und war nun, da nichts mehr ihn zurückhielt, da dieses Band gelöst war, Elah nicht zu allem fähig? War ihm nicht sogar zuzutrauen, daß er sie verstieß? Dieser Gedanke, der sie schon lange quälte, ließ sie erbeben. Und Elah wäre ja nicht der erste, der sein angetrautes Weib verstieß und eine leibeigene Magd ins Bett nahm. Sie hatte zu Gott gefleht, es möge nicht geschehen, doch war dergleichen in diesen schlimmen Zeiten etwas ganz Alltägliches, Sittenverderbnis griff um sich und heidnisches Wesen breitete sich im Lande immer mehr aus.

Und es geschah um diese Zeit, als es auf die fünfte Stunde ging, daß Seraja, von solchen Gedanken bedrückt, während sie den Mägden half, die Schüsseln und Teller aus der Gaststube zu holen und zu spülen, plötzlich die zornige Stimme ihres Gatten aus dem Hof vernahm. Sie blickte hinaus und sah einen Mann vorgerückten Alters und ein junges Weib, staubbedeckt und sichtlich wegmüde, die an der Hintertür Einlaß in die Herberge begehrten.

»Ich sage euch doch, daß nichts mehr frei ist!« Elahs Stimme schwoll an. »Ihr müßt anderswo Unterkunft suchen.«

»Lieber Herr«, drängte der alte Mann, »wir haben überall in Bethlehem gesucht, aber nirgends ein Obdach gefunden.«

Seraja trat, die Hände an der Schürze trocknend, näher an das offene Fenster heran. Sie sah den gequälten Ausdruck im Gesicht der jungen Frau, die Müdigkeit ihres Begleiters, der sich schwer auf seinen Stab stützte. Demütig und mit bewegter Stimme flehte er nun wieder Elah an, sich doch zu besinnen. Sie kämen von weither, sagte er, ihre Namen – mit rührender Einfalt brachte er sie vor, als vermöchten sie Elah umzustimmen – seien Joseph und Maria, und diese, sein junges Weib, stehe vor der Geburt ihres ersten Kindes. Nur der Erlaß des Landverwesers Herodes habe sie gezwungen, unter solchen Umständen die weite Reise zu unternehmen, und in ihrer Not müßten sie unbedingt ein Unterkommen finden.

»Wenn Ihr uns doch aus reiner Güte einen Winkel unter Eurem Dach einräumen möchtet!« schloß er.

»Ich habe nicht einmal eine Bodenkammer frei.« Elah schrie es dem alten Mann fast ins Gesicht: »Versteht ihr nicht, was man euch sagt? Die Herberge ist überfüllt – aber auch wenn sie es nicht wäre, gäbe es hier für Leute, wie ihr es seid, keinen Platz.«

Damit wandte sich Elah ab, die Abgewiesenen aber standen noch immer, Maria die Augen niedergeschlagen, ihr Gatte wie benommen und ganz ratlos. Zadok und einer der Knechte, die in der Nähe standen, wollten jedoch solche Gelegenheit, ihren Witz zu üben, nicht versäumen. »Nun ja, ihr seid wirklich in arger Verlegenheit«, legte Zadok in erheuchelter Teilnahme los, »und bestimmt hätten wir unsere beste Stube für euch freigehalten, hätten wir nur geahnt, daß so vornehme Reisende bei uns einsprechen würden – mit damaszenischem Brokat hätten wir die Stube bespannt, hätten üppigweiche Teppiche aus Persien ausgebreitet, Tischchen bereitgestellt aus Sandelholz mit eingelegtem Perlmutt.« Jetzt zerriß ein freches Grinsen den erheuchelten Ernst und, aufgestachelt durch das Kichern seines träge an der Wand lehnenden Kumpans, schüttete er neuen Hohn auf die müden Wanderer aus.

Joseph antwortete auf solchen Spott nicht, sondern nahm Marias Arm, und sie wandten sich traurig ab. Doch Seraja, die warmherzige, tiefergriffen, konnte nun nicht mehr an sich halten, sie durfte die beiden nicht so ziehen lassen. Der Regung ihres Herzens folgend kam sie aus der Küche gelaufen und griff nach dem Ärmel von Mariens staubbedecktem Mantel. Um Elahs willen hatte sie nicht das Herz, sie ins Haus zu bitten. Vielleicht beobachtete er sie schon jetzt, stand bereit, sie zu tadeln und es ihr zu verweisen. Hastig führte sie die beiden über den Hof zu den abseits gelegenen Anbauten auf der andern Seite, stieß eine unverriegelte Tür auf und zog sie in das schützende Dunkel des Stalles. Der Raum, in den sie sie führte, war nichts weiter als eine tiefe Nische, in die rote vulkanische Erde gegraben, die den Hof umwallte, eingefaßt von Ziegelsteinen, die an der Sonne getrocknet waren, und gedeckt mit einem Geflecht aus starken Weidenruten. Im Hintergrund, kaum sichtbar, ruhten ein Ochse und ein junger Esel in ihren Verschlägen.

»Gott weiß«, sagte Seraja, und ihr Atem ging schwer, weil sie unruhig war und voll Hast, »es ist armselig genug, was ich euch biete, aber mehr habe ich nicht, es euch zu geben. Immerhin ... hier habt ihr ein Dach über dem Kopf, Wärme wider den scharfen Wind und sauberes Stroh, darauf ihr euch legen könnt.«

»Wir danken Euch ... sehr dankbar sind wir Euch«, sagte Joseph und blickte ihr ernst in die Augen. »Der Himmel wird Euch Eure Güte lohnen.«

»Die Tiere werden euch doch nicht stören?« fragte Seraja besorgt. »Es sind freundliche, stille Geschöpfe.«

»Wir sind vom Lande ... wir werden gut mit ihnen auskommen«, antwortete Joseph. Dann wandte er sich nach Maria um, drückte ihr die Hand und murmelte beschwichtigend: »Sei guten Mutes, du siehst, alles geschieht ganz so, wie ich es in meinem Traum gesehen habe.«

Obwohl er nur leise gesprochen, entgingen diese seltsamen Worte der Frau des Herbergswirtes nicht. Und sie überraschten und verwirrten Seraja. Mehr noch machte sie die Ruhe und der gelassene Gleichmut bestürzt, womit sich die Wanderer in die Armseligkeit der Behelfsunterkunft schickten. Fast verlegen sagte sie:

»Und nun will ich euch etwas zu eurer Stärkung bringen.« Bevor Joseph ihr danken konnte, eilte sie davon. Es war nicht leicht, unter den wachsamen Augen ihres Gatten Speisen für die Fremden herüberzuschaffen, doch hatte sie wieder Glück und war schon nach wenigen Minuten zurück, brachte Gerstenbrot, Ziegenkäse in Scheiben und eine bis zum Rande gefüllte Schale voll Milch. Und ihre Hilfe kam nicht zu früh, die beiden Wanderer waren von den Mühsalen der Reise erschöpft, auch entging es der Wirtin nicht, daß Maria, tödlich ermattet, schon an den ersten Wehen litt. Von tiefem Mitleid bewegt kniete das Weib des Herbergswirts nieder, der Fremden Beistand zu leisten.

Der Nachmittag wandte sich zum Abend, alles Gewölk hatte sich vom Himmel verzogen, ließ ihn in einem seltsam durchsichtigen Zwielicht erstrahlen; und oft unterbrach Seraja ihre Arbeit in der Herberge und nahm ihren Weg durch den Hof zum Stall. Sie hatte ihre brave Magd Rachel ins Vertrauen gezogen, und mit deren Hilfe konnte sie unbeobachtet diese Gänge besorgen. Dies war ein gutes Zeichen und ließ sie aufatmen, denn jetzt, da sie sich schon so weit vergangen, mußte sie mehr als zuvor fürchten, Elah könnte etwas entdecken. Doch, mochte geschehen, was da wollte, sie mußte zu Ende führen, was sie begonnen hatte. Ein Werk der Güte, zuerst aus Mitleid unternommen, hatte ganz unmerklich für sie ein ganz anderes Wesen erhalten, war jetzt etwas Geheimnisvolles, ungemein Wichtiges, ja es flößte ihr sogar ehrfürchtige Scheu ein, Diese Leute, die sie da ins Haus genommen, waren keineswegs gewöhnliches Straßenvolk. Als sie Joseph befragte, hatte er ihr gestanden, daß er aus Davids Haus sei, von königlichem Geblüt. Um so vieles älter als seine junge Frau, der er mit Sanftmut begegnete, schien er eher deren Vormund als ihr Gatte. Und Maria gar besaß, außer ihrer schlichten, strengen Schönheit, eine Würde, die bei einem so jugendlichen Geschöpf erstaunlich war. Die klaglose Heiterkeit, mit der sie sich in die demütigenden Umstände schickte, unter denen sie ihr Kind gebären sollte, ließ fast vermuten, sie nehme dies als etwas Vorherbestimmtes an. Dazu kam noch, daß der Himmel, nun ganz windstill, in unirdischer Reinheit erstrahlte, und daß auf diesem Himmel plötzlich, noch fern und doch schon hell leuchtend, ein großer Stern aufgegangen war: dies steigerte Serajas staunendes Erschauern. Sie hatte jetzt das Gefühl, einer bedeutsamen Begebenheit beizuwohnen, wenn sie auch nicht wußte, was es sein mochte. Darüber kam ihr ein guter Gedanke. In dem Wunsch, hinzugeben, was ihrem Herzen am teuersten war, eilte sie die Treppe zum Dach der Herberge hinauf. Hier, unter dem Dachfirst, sorglich in einer Truhe aus Zedernholz verwahrt, lagen die Windeln, die sie mit liebevollen Händen zehn Jahre vorher für das eigene Kind genäht hatte. Schmerz und zärtliche Innigkeit widerstritten einander, während Seraja sie nun betrachtete, den köstlichen Duft des Zedernholzes einatmete und ihres schmerzlichen Verlustes gedachte. Wieder stand ihr vor Augen, was hätte sein können, und zugleich wurde ihr bewußt, zu welch seltsamem, nie erträumtem Gebrauch diese Tücher nun kommen sollten. Freudig wollte sie den langgehüteten Schatz hingeben, hastig nahm sie die Windeln aus der Truhe.

Als sie indessen in der frohen Erregung, ihre Gabe zu überbringen, wieder hinab eilte, blieb sie wie angewurzelt stehen. Da, am Fuß der Treppe, erwartete sie Elah, und in seinem Blick standen Zorn und Vorwurf. Im Dunkel des Ganges, hinter ihm, war Malthas zu erkennen.

»Was soll das alles, Frau?« fuhr er sie an. »Hab' ich diese Bettler nicht fortgeschickt? Und da muß ich hören, daß du ihnen Brot und Obdach gegeben hast. Und nun«, er beugte sich vor und wollte ihr die Windeln aus den Händen reißen, »nun auch das noch!«

Seraja war erblaßt, sie begriff, daß jene sie ausgespäht und verraten hatte. Doch faßte sie wieder Mut und sagte mit einer Stimme, in der Entschlossenheit sich mit flehender Fürbitte mischte:

»Ihre Not ist groß, Elah, wie sollte ich ihnen meine Hilfe verweigern? Ich bitte dich, verwehre es mir nicht. Es ist etwas an dem ... etwas, das über unser Verständnis hinausgeht.«

»Über wessen Verständnis?« schrie er sie an.

»Hast du nicht den großen Stern gesehen ... den Stern, der im Osten aufgeht? Elah, das ist ein Vorzeichen!«

»Was für Unsinn redest du da! Ein für allemal, ich verbiete dir, mit dieser ... mit solch törichter Vergeudung fortzufahren.«

Ein Schweigen folgte, wollte kein Ende nehmen, es zog sich hinaus, während Seraja, die Augen niedergeschlagen, den Blick ihres Gatten und Malthas' ertrug. Endlich hob hob sie den Kopf, sah ihm mutig ins Gesicht.

»Nein, Elah, ich muß es tun.«

Fassungslos starrte er sie an, offenen Mundes. Doch schon im nächsten Augenblick übermannte ihn der Zorn.

»Was ... du unterstehst dich, mir zu trotzen?« Er hob die Hand, schlug ihr ins Gesicht.

Die Wucht des Schlages, der sie unerwartet traf, ließ Seraja zurücktaumeln. Doch stürzte sie nicht, raffte sich, tief Atem holend, zusammen. Gesenkten Hauptes, ohne ein Wort zu sagen, ging sie an Elah vorbei, überquerte den Hof.

»Da siehst du, wie wenig sie dich achtet«, sagte Malthas nähertretend. »Bist du der Herr in diesem Haus? Warum sollst du ihren Trotz hinnehmen, da doch andere freudig bereit sind, dir auf den leisesten Wink zu gehorchen?« Und verführerisch schmiegte sie sich an ihn.

Doch diesmal ging Elah nicht auf sie ein. Sosehr er sich auch über Seraja erbitterte, zürnte er doch in jähem Stimmungsumschwung auch sich selbst. Daß er Seraja geschlagen, schien ihm unausdenkbar, noch nie war er ihr roh begegnet. Nicht zu erklären, dieses sein Verhalten. Und doch, wiederum, hatte sie es wohl verdient. Er trat in die Tür, sah Seraja nach, die ihm zum erstenmal in ihrem Leben den Gehorsam verweigert hatte. Warum war das geschehen? Und was hatten die seltsamen Worte, die sie gesprochen, zu bedeuten? Unwillkürlich blickte er jetzt zum Himmel auf und gewahrte den Stern, der, obgleich noch fern, seiner Bahn geradenwegs auf die Herberge zu folgte. Gleißend in bebendem Gefunkel, himmlisches Geschmeide, hielt der Stern seinen Blick gefangen, ließ ihn erstarren. Mit jähem Entschluß wandte Elah sich ab, verstört, zutiefst verwirrt. So kehrte er sich Malthas zu.

»Laß uns hineingehen und einen Becher Wein trinken«, sagte er, »dies Gerede über Wunder und Zeichen macht mich sterbenskrank.«

Sie traten in die Stube, vom Gang aus, die ihm als Speisekammer diente, und er füllte zwei Becher aus dem kaltgestellten Kruge, in dem er seinen Lieblingswein bereithielt, den er eigens für sich aus Petra kommen ließ. Er hatte sich in letzter Zeit dem Trunk ergeben, und anfangs hatte der Wein ihm viel Vergnügen bereitet – gewährte ihm Erholung von Hast und Einerlei des Tages und ermutigte ihn zu verliebtem Getändel; er fand dann Gefallen an Malthas' eitlem Geschwätz und an den Schmeicheleien, die sie reichlich auf ihn verschwendete. Jetzt aber fand er kein Ergötzen daran. Seltsam, der Wein erfrischte ihn nicht, noch überhob ihn das schmeichlerische Geplauder des Mädchens seiner Verdrossenheit. Er blieb mürrisch und wortkarg, und bald stand er auf und ging in das Atrium. Hier waren jetzt die meisten der Gäste versammelt, die von der Zählung zurückkamen und auf das Abendessen warteten. Wenn Elah sich unter sie mischte, fühlte er sich wieder als Wirt, nahm an der allgemeinen Unterhaltung teil, erörterte mit den Gästen die Schätzung und die Höhe der römischen Steuern. Bei solch ernsthaftem Gespräch über Geld und Steuerlast gedachte niemand einer so beiläufigen und nichtssagenden Erscheinung wie der des Sterns. Doch eine Stunde später, als Elah, nun beschwichtigten Herzens, ins Haus zurücktrat, stieß er auf Seraja, die ihn auf dem Gang erwartete und all dies Beunruhigende, Bestürzende wieder in seine Erinnerung rief, indem sie ihm verzückt verkündete:

»Das Kind ist geboren!«

Ihr Antlitz leuchtete, ihre Augen strahlten. Den Schlag schien sie ganz vergessen zu haben, denn sie fügte nur atemlos hinzu. »Und ich … ich habe es in meinen Armen gehalten.«

»Nun, und was weiter?« herrschte er sie an und stieß die Hand zurück, die sich ihm auf den Arm legen wollte. »All das ist gegen meinen Willen geschehen.«

»Hör mich doch an, Elah«, beharrte sie eifrig, der Zurückweisung nicht achtend. »Kannst dir denken, daß nichts für das Kind vorbereitet war. Errätst du, was ich da tat? Hab' frisches Stroh geholt, hab' daraus ein kleines Bett bereitet und es in ... errätst du es? in die Krippe gelegt. Zuerst war der Ochs verdutzt, aber dann kam er heran und leckte dem Kindlein den kleinen Fuß. Schnell, Elah, komm doch und sieh es dir selbst an, ich bitte dich! Du sollst das schauen, darfst es nicht versäumen.«

»Laß mich zufrieden!« Er schüttelte sie ab. »Hab' nichts damit zu schaffen. Es ist kein Verstand in deiner Rede.«

»Ich weiß da nichts mit dem Verstande, könnt' auch nicht sagen, was für ein Kind das ist ... nur eines weiß ich: als ich es in meinen Armen hielt, da war ein Frohlocken in meinem Herzen, als müßte es jauchzen.«

Etwas in ihm wollte sich widerwillig ihrer Güte fügen, ein Anderes aber widersetzte sich dieser Neigung. An diesem inneren Widerstreit mochte es liegen, vielleicht auch machte er ihr zum Vorwurf, daß sie des Zwiespalts Ursache war, darum wählte er harte Worte, sie zu kränken:

»Was bist du doch für eine Närrin, wegen eines fremden Balgs solchen Unsinn zu reden. Und eine zänkische Närrin obendrein ... willst mir deinen Willen aufzwingen. Geh jetzt und sieh zu, daß das Abendessen rechtzeitig auf den Tisch kommt.«

Als sie gegangen war, fühlte er sich durch ihre Unterwürfigkeit einigermaßen zur Milde gestimmt, war er doch jetzt wieder Herr im Hause. Doch hielt dieser Stimmungsumschwung nicht lange vor, fast alsogleich begann das aufreizende und unnatürliche Unbehagen wieder Besitz von ihm zu ergreifen, ihn zu peinigen. Er vermochte es nicht abzuschütteln, und unwillkürlich, unwiderstehlich getrieben, gelangte er auf einem Rundgang wieder in den Hof hinaus, blickte scheu und verstohlen zum Himmel auf. Wahrhaftig, der Stern war noch da, ja, er rückte näher, war jetzt größer und leuchtender als zuvor. Ob das wirklich ein Vorzeichen war?

Während er sich noch mit dieser Frage herumschlug, gewahrte er plötzlich zu seiner Überraschung einige Schafhirten, die von den benachbarten Weiden auf die Herberge zuschritten. Gewiß hatten sie hier zu solcher Stunde nichts zu suchen, und doch kamen sie heran, ihrer sieben oder acht, in zottige Wollumhänge gehüllt, die Beine in Gamaschen, mit Riemen verschnürt, voran der alte Joab, der auf seiner Hirtenflöte eine schlichte Weise blies, womit er sonst seine Herde heimleitete. Der alte Joab war ein Sonderling, manche hielten ihn für einen Weisen, andere bloß für einfältig, ein Mann, der sich auf Kräuter und ihren Nutzen verstand, das Wetter voraussagte, in den Sternen zu lesen wußte und sogar Träume deutete. Ein Einzelgänger, allein lebend, nur um seine Schafe besorgt, menschlicher Gesellschaft eher ausweichend: doch gab es viele, die ihn aufsuchten, denn er heilte Kranke und sagte, wie man einander zuflüsterte, Dinge voraus, die dann in Erfüllung gingen. Befragte man ihn aber wegen dieser übernatürlichen Kräfte, so erwiderte er bloß, er verfüge über keine, doch vernehme er zuweilen in der Einsamkeit Stimmen – natürlich stempelte ihn das in den Augen der Aufgeklärten zu einem Schwachsinnigen.

Jetzt, da Elah ihn anrief und fragte, was sein nächtliches Kommen zu bedeuten habe, spielte er erst seine Weise zu Ende und gab dann ganz harmlos völlig widersinnigen Bescheid:

»Wir sind gekommen, Herr, um dem neugeborenen Kinde unsere Verehrung darzubringen.«

»Verehrung, du alter Narr?« schrie der Herbergswirt zurück. »Bist du ganz von Sinnen?«

»Bin ich das, so bin ich's vor Freude, Herr. Denn dies ist ein Tag, auf den wir lange gewartet haben und der lange im Gedächtnis der Menschen verbleiben wird.«

Und damit ließ er seine Hirten vor dem Eingang zum Stall einen Halbkreis bilden und nach einem kurzen Vorspiel auf seiner Hirtenflöte einen Gesang anstimmen, der, so rauh und ungeschult ihre Stimmen auch klangen, so armselig sein Geflöte auch die Melodie hielt, durchaus als Lobgesang und Jubelhymnus gelten konnte.

Sich auf die Lippen beißend, stand Elah da und lauschte verdrossen dem Chor. All dies ging über sein Begriffsvermögen, und unfaßlich blieb ihm auch, was sich nun ereignete, doch hatte er den Eindruck, es wäre von höherer Hand geleitet, was sich hier an der Schwelle seiner Herberge abspielte.

Daß irgendeine Frau ohne Bedeutung ihr Kind auf einer Wanderschaft in aller Heimlichkeit zur Welt brachte, war gewiß etwas Alltägliches. Warum dann hatte sein Weib darüber den Verstand verloren, war einem frommen Wahn erlegen? Warum waren die halbblöden Lobsinger von ihren Weiden herbeigeeilt, standen da und plärrten zum Spiel einer Rohrflöte? Was vor allem hatte dieser einzigartige unglaubhafte Stern zu bedeuten? Ums Leben gern hätte Elah den Hof überquert, war es doch sein eigener Hof, hätte die Stalltüre aufgerissen, um mit eigenen Augen zu schauen, was hinter diesen rätselhaften Possen stecke. Aber er brachte es nicht übers Herz: Halsstarrigkeit, hochmütiger Stolz und noch etwas anderes – eine Art Furcht vor dem Unbekannten, vor etwas, was zu entdecken ihm zum Unheil ausschlagen konnte –, all das hielt ihn zurück. Da machte er lieber kehrt und trat wieder ins Haus. Doch wäre er dabei fast über Zadok gestolpert, der, vom Wein berauscht, in einem dunklen Winkel des Ganges auf dem Boden lag und laut schnarchte. Dieser Anblick, zwar keineswegs ungewohnt, wirkte jetzt auf Elah niederdrückend. Mit dem Fuß stieß er den Trunkenbold an, vermochte ihn aber nicht zu wecken. Eine Weile stand er so und betrachtete den Schlafenden mürrisch, dann ging er in seine Kammer und schickte sich an, die Anordnungen für den nächsten Tag zu treffen.

Damit fertig, konnte er nur mehr verdrießlich zusehen, wie die letzten Schüsseln vom Abendessen abgetragen wurden; und da erinnerte er sich, daß es hoch an der Zeit war, sich in die Listen eintragen zu lassen. Elah war einer der angesehensten Männer im Kreis und überdies eng mit Ammon, dem Zöllner, befreundet, der jetzt, neben seiner Tätigkeit als Steuereinnehmer, auch die Volkszählung leitete; so hatte es der Herbergswirt nicht nötig, sich in die Menge derer zu drängen, die zur Schätzung kamen, sondern konnte den Schätzmeister nach Schluß der Dienststunden aufsuchen. Schließlich war Ammon ihm für mancherlei Zuwendungen zu Dank verpflichtet: da ein Sack Mehl, dort ein Faß Wein, das Ammon nach Einbruch der Dunkelheit ins Haus geliefert wurde. So war ein festgegründetes Einvernehmen zwischen ihnen zustande gekommen, und Elah durfte sich darauf verlassen, daß ihm bei der neuen Steuererhebung eine bevorzugte Behandlung zuteil würde.

Der Gedanke an diesen Besuch, und mehr noch, daß er für eine Weile aus der Herberge fortkommen sollte, verschaffte ihm Erleichterung. Bald war er für den Weg bereit und machte sich nach Bethlehem auf; die Abwechslung, noch dazu die Bewegung in frischer Luft, das würde ihm guttun und die Wolken verjagen, die über ihm hingen. Doch trat dies nicht ein. Je schneller er ausschritt, je weiter er sich von daheim entfernte, um so zielloser irrten seine Gedanken umher. In der Stadt angelangt, erfuhr er zum Überfluß, daß die Hirten, denen der Stern die Sinne verwirrt hatte, ihm zuvorgekommen waren; in ihrer Verzückung waren sie durch die Straßen gezogen, ihre närrischen Lobpreisungen singend, hatten dem Volk verkündet, ein großes Heil sei ihm widerfahren, das Licht sei in die Welt gekommen, und Gottes Herrlichkeit wäre um sie.

Elah ging diesen Verrückten aus dem Wege und verbrachte eine Stunde in vertraulichem Zusammensein mit Ammon; dann suchte er einen anderen Bekannten auf und bestellte Waren, die am nächsten Tage geliefert werden sollten. Doch während er dies tat, war er nicht sein eigenes Selbst, er fand an dem Feilschen nicht die gewohnte Freude, an dem vorteilhaften Gespräch mit dem Zöllner keine Befriedigung.

Als er wieder heimkam, sah er, daß alle Fenster verhangen waren, die Unrast eines langen Tages sich gelegt hatte. Jetzt wenigstens, so dachte er, würde er hier Frieden finden. Als er sich aber auf sein Bett warf, fand er nur unruhigen und mehrfach gestörten Schlaf. Unerfrischt erwachte er am nächsten Morgen, begrüßte den neuen Tag mit ärgerlichem Stirnrunzeln. Und nicht nur dieser Tag, auch die folgenden Tage hielten den Herbergswirt in einem Zustand ängstlicher Unentschlossenheit. Obwohl er nichts mehr unternahm, um etwa einzugreifen, beobachtete er doch verstohlen und mit heimlicher Unruhe das Kommen und Gehen seines Weibes, das noch immer für die Mutter und das Kind sorgte. Und all die Zeit über rückte der große Stern näher und näher. Länger, so fühlte Elah, war dies nicht mehr zu ertragen. Und eines Nachts, zu später Stunde, als er seine Schlüssel nahm und die Runde durch sein Haus und die Anbauten machte, sich zu vergewissern, daß alles wohlverschlossen war, ließ ihn der Widerhall von Pferdehufen erschrecken. Drei Berittene, reich angetan, Männer von dunkler Hautfarbe, zogen eben in den Hof ein; sie trieben dabei ihre Tiere zur Eile an, eben ganz wie Leute, die sich nahe dem Ort ihrer Bestimmung wissen. Elah verstand sich, wie es seine gewerbliche Erfahrung mit sich brachte, sehr wohl darauf, Gäste nach ihrem Rang richtig einzuschätzen, und so war ihm sofort klar, daß dies Männer von hohem Rang waren, wohl gar, nach den Juwelen zu schließen, nach den kostbaren Krummsäbeln und reichgeschmückten Turbanen, Könige aus dem Morgenlande. Gewöhnung und der Ausblick auf beträchtlichen Gewinst, der sich so plötzlich darbot, trieben ihn, auf die späten Gäste zuzueilen, sich vor ihnen zu verneigen und ihnen ehrerbietig seine Gastlichkeit anzubieten.

»Seid mir willkommen, edle Herren … bin Euer Ehren zu Dienst! Ihr habt, wie ich sehe, einen langen Ritt hinter Euch. Wollet also gestatten, daß ich mich Eurer Pferde annehme. Und verfügt über alles, was mein Haus zu bieten hat.«

Verstanden sie ihn? Hörten sie auch nur auf ihn? Zu seiner Bestürzung achteten sie seiner gar nicht – ein flüchtiger Blick, der ihn gleichgültig streifte, war alles, was er zur Antwort erhielt. Doch dann sagte der eine der drei mit hoheitsvoller Miene, jedoch die Worte befremdlich fügend und in ungewohntem Ton:

»Wir bleiben nicht. Seht nur zu, daß uns niemand stört, solange wir hier sind.«

Damit saßen sie ab, schnallten ihre Satteltaschen los und schüttelten den Staub von ihren Kleidern. Elah stand wie betäubt und gänzlich verwirrt da, sie aber blickten zu dem Stern auf, der jetzt stillstand und unmittelbar über ihnen erstrahlte; leise wechselten sie ein paar Worte untereinander, dann traten sie in den Stall. Jetzt konnte Elah nicht länger an sich halten. Neugierde siegte über seine halsstarrige Widerspenstigkeit und überwand seine Furcht, er werde in all dem Unfaßlichen, Ungewußten etwas finden, was ihn von Grund aus verletzen und demütigen mochte. Zögernd, Schritt vor Schritt, wie von einer unsichtbaren unwiderstehlichen Kraft getrieben, ging er den drei Fremdlingen nach, folgte ihnen bis zu der halboffenen Tür und blickte ins Innere des Stalles.

Es war dämmerig darin, denn nur ein aus Binsen geflochtener Docht, der in einer flachen Ölschale stak, verbreitete flackernd spärliches Licht, warf sanfte Schatten in alle Winkel des kellerartigen Raumes und an die rohen Balken, die das Dach aus Weidengeflecht trugen. Und doch war alles deutlich erkennbar, lebendig und klar, als wäre es vom Pinsel eines großen Malers festgehalten. Maria, die Mutter, auf einer Strohschütte ruhend, hielt das Kind in den Armen, während Joseph, nachdem er aufgestanden, die Besucher willkommen zu heißen, wieder in den Hintergrund getreten war, bescheidentlich in seinen grauen Mantel gehüllt. Ochs und Esel lagen friedfertig im Dämmer ihres Verschlags. All dies hätte Elah voraus wissen mögen, doch unvorhergesehen ergriff ihn die schlichte Schönheit des Bildes. Und am verblüffendsten war das Gehaben der drei würdigen Fremden, in denen er reiche und mächtige Könige aus dem Morgenland erriet. Mit seinen eigenen Augen sah er, wie sie der Reihe nach vortraten, ehrfurchtsvoll auf dem kahlen Boden niederknieten, dem Neugeborenen ihre Anbetung darbrachten und, nach dieser Huldigung, ein jeglicher demütig seine Gabe niederlegte. Elah hielt den Atem an und reckte den Hals, denn jetzt erkannte er auch die Kostbarkeit dieser Gaben – Weihrauch, Myrrhe und Gold. All das nahm Maria in schlichtem, fast scheuem Schweigen entgegen, in einem Erschauern, als unterwerfe sie sich einem frommen Ritus, den sie selbst noch nicht in vollem Ausmaß verstand, von dem sie aber wußte, daß er ihr vorbestimmt war. Auch das Kind, eng an ihre Brust geschmiegt, schien der Zeremonie, die vor ihm vollzogen wurde, auf erstaunliche Weise bewußt zu sein, denn sein Blick hielt die drei Fremdlinge fest und folgte ihrem Gebaren mit seltsam rührendem, feierlichem Ernst.

Dies alles ging so gänzlich über das Fassungsvermögen des Herbergswirts, daß er sich fragen mußte, ob, was da geschah, Wirklichkeit sei; er preßte die Fäuste gegen seine Schläfen, als wollte er ein Trugbild aus seinem Kopf zwängen. War er betrunken? War's Traum? Ein Bettelkind, zufällig in diesem Stall zur Welt gekommen, von drei hochgeborenen Königen nicht nur verehrt, sondern, jawohl, angebetet! Wie sollte ein vernünftig denkender Mensch wie er darin irgendwelchen Verstand finden? Ach, er klammerte sich an dieses Wort ... ein vernünftig denkender Mann ... denn es erging ihm wie einem Schwimmer, den im tiefen Wasser der Mut verläßt und der nach einem rettenden Halt greift. War er nicht ein

Mann, der sich im Alltag bewährte, allen Aufgaben gewachsen, vernünftig, pfiffig sogar, einer mit Sinn für Tatsachen, der sich mit gesundem Mutterwitz überall zurechtfand? Einer, der in der Welt Bescheid wußte und dessen wacher Zweifel so oft eine Betrügerei, eine ausgetüftelte Täuschung durchschaut hatte? Schierer Wahnsinn war es, von Herrlichkeit und himmlischer Freude, von einem Licht zu reden, das die Welt erleuchten sollte – es mußte doch einen vernunftmäßigen Grund geben, diesen Mummenschanz zu erklären, und er mußte sich finden lassen.

Doch plötzlich, da er schon im Begriff war, das Geheimnisvolle des rätselhaften Vorgangs, den Lobgesang der Hirten, die Heimsuchung durch die Könige, das Erscheinen des Sterns von sich zu weisen, bewegte sich das Kind unmerklich in den Armen seiner Mutter und richtete seinen Blick voll auf Elah. Und diesem Blick aus unschuldigen Augen, in denen kein Vorwurf stand, diesem Blick voll Sanftmut und Gnade konnte der Herbergswirt nicht widerstehen. Ein Erschauern durchlief ihn, zwang seinen Blick nieder. In einer Regung letzten Widerstandes wandte er sich ab, eilte, als wollte er einer Gefahr entrinnen, in das Haus zurück, quer über den Hof, als wären die Verfolger hinter ihm her. Das Haus lag in tiefer Stille, Gäste und Diener hatten sich zur Ruhe begeben. Nur in einem Vorraum brannte, als Elah eintrat, ein ungelöschtes Licht, und es war Malthas, die noch aufsaß. Sie trug ein ungegürtetes Gewand, ihre Wangen glühten, als hätte sie etwas Heißes, Kräftiges getrunken, und das schwarze Haar fiel ihr gelöst über die Schultern. Mit einem Lächeln voll Wärme und verführerischer Einladung begrüßte sie ihn.

»Wo bist du denn gewesen? Hab' schon gefürchtet, du würdest gar nicht kommen. Und das nach einem Tag, an dem ich kaum ein Wörtlein von dir gehört habe.« Sie streckte die Arme nach ihm aus. »Komm, sitz nieder, trink mir mir. Sag, daß es lieb von mir war, auf dich zu warten. Und sprich mir von Liebe!«

Das jähe Licht blendete ihn, ihr unerwarteter Anblick verwirrte ihn, noch waren all seine Gedanken in Aufruhr; so beschattete Elah seine Augen mit der Hand und lehnte sich gegen den Türrahmen.

»Was hast du denn? Ist dir nicht gut?« Sie lachte vielsagend. »Ist es das Verlangen nach mir, das dich schwächt?«

Er antwortete nicht. Gerade sie hatte er jetzt nicht zu sehen gewünscht. Im Aufruhr seiner Gefühle schien sie ihm jetzt geradezu widerwärtig. Doch hemmte ihn Scham, die Ursache seiner Schwäche zu entblößen.

»Bin wohl müde«, murmelte er. »Hast es ja gesagt ... es war ein langer Tag für mich.«

»Dann komm und setz dich zu mir, daß ich dich erfrische.« Und sie wiederholte ihre einladende Geste.

»Nein ...« Den Kopf abgewendet, überlegte er, was er vorbringen sollte. »Ich bin wirklich müde, Malthas ... es hat soviel zu tun gegeben ... heute nacht muß ich Ruhe haben.«

Ihre Miene wurde hart, nicht so sehr wegen seiner Worte wie wegen der Art, in der er sie zurückwies.

»Nun, Elah«, rief sie schrill, »so kannst du nicht mit mir umspringen ...«

Doch bevor sie mehr sagen konnte, wandte er sich ab und ging davon.

Wirklich war eine große Mattigkeit über ihn gekommen, er stieg mit schweren Füßen, als wären sie mit Blei belastet, die Treppe hinauf zu seiner Kammer. Er hatte erwartet, sein Weib schlafend vorzufinden, doch trotz der späten Stunde hatte sie sich noch nicht zur Ruhe gelegt.

Auf einem niedrigen Schemel saß sie am Fenster, den Kopf nachdenklich gesenkt, einsam – so hob sie sich scharf von der Sternenhelle des Himmels ab. Sie spähte hinaus, so tief in ihre Gedanken versunken, daß sie sein Eintreten gar nicht zu bemerken schien. Etwas in ihrer Haltung – vielleicht war es auch sein eigener Gemütszustand – hemmte ihn, und obwohl er ihr etwas sagen wollte, fand er die Worte nicht. Plötzlich fühlte er sich zu ihr hingezogen, so heftig drängte es ihn zu ihr wie seit jenen fernen Tagen nicht, da er, ein unbeholfener Bursche, um sie geworben hatte. In der Verwirrung seiner Gedanken sehnte er sich danach, mit ihr zu sprechen, ihr sein Herz zu öffnen, sich ihr anzuvertrauen. Doch war ihm solche Herzenseinheit in den letzten Monaten verlorengegangen, und da ihm jetzt bewußt wurde, daß dies an ihm gelegen hatte, blieb seine Haltung gezwungen und er brachte kein Wort hervor. Dennoch, er mußte jetzt sprechen, da gab es keine Abhilfe, und so brach er schließlich mit jähem Entschluß das Schweigen.

»Wäre es nicht an der Zeit, zu Bett zu gehen? Du hast es in diesen letzten Tagen schwer gehabt.«

»Mir sind diese Tage nicht schwer vorgekommen«, antwortete sie, ohne aufzublicken. »Mir waren sie eine Zeit der Freude.«

»Dann verdirb dir die Freude nicht, indem du dir ein Fieber zuziehst – du weißt doch, wie schlecht dir die Nachtluft bekommt. Schließe die Fensterläden, dann zünde ich die Lampe an.«

»Brauchst du sie denn?« fragte sie leise. »Ist's im Widerschein dieses Sterns nicht hell genug?«

»Ei ja, dieser Stern«, erwiderte er und verstummte. Um sich keine Blöße zu geben, versuchte er einen leichten Ton anzuschlagen. »Merkwürdige Dinge haben sich hier in letzter Zeit zugetragen. Auch heute abend. Als ich hinunterging, das Haus zu verschließen, tauchten drei reiche Fremdlinge auf ... hochmütige Herren, das magst du mir glauben. Wollten mit uns gar nichts zu schaffen haben. Was sie vorhatten, habe ich nicht herausgebracht.«

»Sie sind schon wieder fort«, erwiderte sie gelassen. »Ich sah sie kommen und, eben erst, wieder gehen. Zweifellos haben sie verrichtet, was sie vorhatten.«

Ihr Blick war immer noch auf die Anbauten, die jetzt in tiefer Stille dalagen, gerichtet; und mehr als je fühlte er sich gedrungen, ihr sein Herz aufzuschließen, in ihrer Einsicht Aufklärung zu suchen, Lösung des Rätsels, das nun so unabweisbar auf ihm lastete. Doch bevor er den günstigen Augenblick wahrnehmen konnte, war dieser verwichen – mit einem Seufzer hatte sie sich erhoben, hatte begonnen, das Fenster zu verhängen.

»Ich muß doch wohl diese Helligkeit aussperren, sonst findest du keinen Schlaf.«

Wortlos begannen sie sich zu entkleiden, streckten sich dann auf dem Lager aus. Doch so müde Elah auch war, sosehr es ihn nach Schlaf verlangte, er fand keine Ruhe, eine Last, wie er nie eine gefühlt, hatte sich auf ihn gewälzt, eine Schwermut und Trübsal, ein niederschmetterndes Gefühl seines eigenen Unwertes. Ihm war, als sähe er sich zum erstenmal mit den Augen der Wahrheit. Alles, worauf er sein Leben aufgebaut, die feste Grundlage seines Daseins, war von den Ereignissen der letzten Tage unterhöhlt worden. In diesem Augenblick erleuchteter Selbstschau schien ihm alles, wonach er je gestrebt, worum er so gierig gerungen hatte, Gewinn, äußerer Erfolg, Sinnenlust, eitel und schmutzig. Und sonderlich, wie aberwitzig und gefährlich es war, Malthas hörig zu sein, sah er jetzt in klarem Licht. Nie war das Liebe gewesen, nur eine Betörung: Schwäche eines alternden Mannes, dessen Jugendblüte dahin war, sich einem schmeichlerischen Wahn zu überlassen.

Und damit wandten sich seine Gedanken wieder Seraja zu, seinem Weibe, das so viele Jahre mit ihm durchwandert hatte, an seiner Seite sich rackernd und plagend, stets geduldig, seine gereizten Worte, seine selbstsüchtigen Launen hinzunehmen und die Last des Tages zu schleppen. Wie hatte er all das ohne ein Wort des Dankes als selbstverständlich hinnehmen können? Nachsicht, Freundlichkeit, Rücksichtnahme auf ihre Mitmenschen, der Wunsch, Gutes zu tun, vor allem aber eine unermüdliche Selbstlosigkeit, das waren Eigenschaften, die er nicht genug gewürdigt hatte und die sich jetzt als Vorwürfe wider ihn erhoben. Schweiß trat ihm auf die Stirn. Das unirdische Licht, das durch die Schlitze der Fensterläden hereindrang, zeichnete Gitterstäbe an die Wand, als sollte er in sein Unrecht eingekerkert bleiben. Tief von Reue und Gewissensbissen ergriffen, wandte er sich Seraja zu.

»Seraja, bist du wach?«

Sie antwortete sogleich: auch Seraja hatte keinen Schlaf gefunden, vibrierend war Schweigen zwischen sie gespannt gewesen, jetzt aber, endlich, war seine Zunge gelöst. Mit unsicherer Stimme, mit Worten, die sich überstürzten, enthüllte er ihr seine Verwirrung, gestand, daß er untreu gewesen, sagte, daß er es bereue, bat um Vergebung. Er wolle mit Malthas brechen, schon morgen werde er sie und ihren Bruder fortschicken. Schweigend hörte sie ihm zu, hielt seine Hand tröstend umklammert, und als er verstummte, sprach sie ihm sanft und zärtlich zu.

Und nun, da all dies, was auf ihm gelastet, abgeworfen war, überkam ihn eine tiefe Ruhe. In erneuter Vertraulichkeit sprach er offen, sogar mit übertriebener Offenheit, wie das in seinem Wesen lag: denn er war so geartet, daß er leicht aus tiefster Niedergeschlagenheit in hochgemute Stimmung verfiel.

»So sag mir jetzt Seraja, du meine liebe Frau ... was denkst du von all dem, was sich da zugetragen hat?«

»Ich verstehe es selbst nicht. Doch eines scheint mir sicher, in dem, wovon wir Zeugen wurden, birgt sich ein himmlisches Geheimnis.«

»Ich für mein Teil«, überlegte er laut, »wenn ich versuche, Klarheit in die Dinge zu bringen – und du weißt doch, daß ich immer ein Mann nüchternen Denkens war –, nun, wenn es nach mir geht, so ist dieses Kind wohl der Sohn einer hochgestellten, vielleicht einer erhabenen Persönlichkeit ... Gott allein weiß, wessen Sohn. Doch muß es jemand sein, der gute Gründe hat, wenigstens fürs erste die Herkunft des Kindes geheimzuhalten. Alle die sonderbaren Umstände, und gar diese Geburt im Verborgenen – nun, mir ist zwar nicht völlig klar, was dies bedeutet, doch scheint das alles meine Vermutung zu bestätigen.« So redete er noch Minuten lang weiter, schweifte zu diesem und jenem ab, bis er endlich abschließend urteilte: »Dem sei, wie ihm wolle, ich will offen zugeben, daß ich mein fühlloses Verhalten bedauere – so tief bedauere, daß ich zu jeder Gutmachung bereit bin.«

Nun unterbrach sich der Herbergswirt. Seit der Blick des Kindes ihm ins Herz gedrungen war, keimte in ihm ein Verlangen, zwiespältig gespeist aus einer Liebe, die unerwartet in ihm erwacht war, und seinem Besitztrieb. So fuhr er in einer Anwandlung seiner alten Eigenart fort:

»Ich habe mir das überlegt, liebe Frau. Allenfalls ... wir könnten uns anheischig machen, dieses Kind als unser eigenes anzunehmen ...«

Eine Weile lang schwieg Seraja. Dann schüttelte sie bedachtsam, doch voll innerer Gewißheit den Kopf:

»Nein, Elah, das kann nicht sein. Welche Mutter würde solch ein Kind hergeben?«

»Bedenke doch, welche Vorteile wir bieten könnten. Wir sind wohlhabend ... zum mindesten« – unterbrach er sich vorsichtig – »einigermaßen wohlhabend. Immerhin könnte ich es mir leisten, freigebig und wohltätig zu sein.«

Nach einem kurzen Schweigen sagte sie ernst:

»Ich hatte heute nachmittag ein Gespräch mit Joseph. Er sagte mir, sie müßten uns morgen verlassen.«

»Morgen! Das geht doch nicht an.«

»Doch, es ist sehr wohl möglich, die Mutter ist jung und gut bei Kräften, und wenn ihrem Kinde Gefahr droht, wird sie nicht säumen.«

»Was für eine Gefahr?«

»Herodes sinnt den Kindern Böses.«

»Ach, nicht doch, liebe Frau, ich glaube, da übertreibst du! Welche Beweise hast du dafür? Hat dieser Mann gesagt, von wem ihm diese Warnung zukam?«

»Es gibt Menschen, Elah, Auserwählte ... die lassen sich nicht durch die Stimmen der Welt leiten. Solches waren die Propheten ... und solch einer ist dieser gute Mann, auch wenn er nicht weissagt. Glaub mir, sie müssen uns verlassen und sich für eine geraume Weile von hier fernhalten.«

Elah wollte etwas darauf erwidern, aber er unterließ es. Zwar blieb er bei seiner Meinung, doch wollte er Seraja jetzt nicht widersprechen, ihr nicht zusetzen oder seinen Willen aufzwingen. Allzu süß war ihm das neue Gefühl, zu kostbar die neue Eintracht. So sagte er nur mit ungewohnter Sanftmut:

»Ich will morgen früh zeitig aufstehen und mit dem

würdigen Joseph sprechen, ich werde ihm freundlich zureden und ihn überzeugen ... du wirst schon sehen.«

Sie verstand, daß er nur einen schwachen Abglanz von dem himmlischen Licht, das sie erschaut, gesehen hatte und daß er, was sich ihr als köstliches Geheimnis darbot, nur nüchtern zu verstehen trachtete. Doch war auch sie über die Versöhnung so glücklich, daß sie sich mit der neuen Herzenseinheit gern zufrieden gab. Und friedvoll schlummerten sie ein.

Doch hatte Elah, als er am Morgen erwachte, seinen Vorsatz keineswegs vergessen. Er weckte Seraja, wies sie an, sich eiligst anzukleiden und mit ihm hinunterzugehen. Sie mußte über seinen Eifer lächeln, fügte sich aber, um ihn bei guter Laune zu halten. So gingen sie an der Küche vorbei, in der die Mägde schon rührig am Werk waren, und traten in den Hof hinaus. Die Sonne ging gerade auf und tönte golden die Dächer Bethlehems, die sich auf dem leichtbewölkten Horizont abzeichneten. Kühl und erfrischend schlug den beiden die Luft ins Gesicht. Über den Olivenhainen, die sich die Hänge hinabzogen, kreisten Wildtauben. Elah hatte den Arm seiner Frau genommen, als sie den Hof überquerten. Wohl wußte Seraja voraus, was sie vorfinden würden, doch klammerte sie sich an eine ungewisse Hoffnung, die ihr Herz schmerzhaft schlagen ließ, als Elah nun an die Stalltür pochte und dann öffnete. Ja, sie waren fort. Bis auf den Ochsen und den Esel war der Stall leer. Scheu trat der Herbergswirt ein, von seinem Weibe gefolgt, blickte enttäuscht um sich, als suchte er etwas, eine Spur, die allenfalls von den Bewohnern zurückgeblieben wäre. Der Raum war sauber und ordentlich, das Stroh vom Boden aufgelesen, alles an seinem Platz wie kaum je zuvor. In der Luft hing noch der schwache Duft von Myrrhe und

Weihrauch, und am Rande der Krippe, in der das Kind gelegen, blinkte ein Stück Gold.

»Da siehst du«, Seraja konnte einen leisen Vorwurf nicht unterdrücken, »Maria hat für ihre Unterkunft bezahlt.«

Elah errötete tief: das Gold hätte zehnfach gereicht, selbst wenn er ihnen seine beste Stube zur Verfügung gestellt hätte. Er nahm das kostbare Stück Gold auf, doch war es nicht eigentlich eine Münze, vielmehr von seltsamer Form, vermutlich so gestaltet, wie es im Bergwerk oder in einem fernen Flußbett gefunden worden war. Lange betrachtete er es schweigend, und diese Stille des sonst so habgierigen Mannes war befremdend. Dann reichte er das Gold seinem Weibe.

»Nimm ... es ist dein.«

Seraja nahm es. Auch sie betrachtete überrascht die sonderbare Form, deren grobe Umrisse an ein Kreuz erinnerten.

»Und jetzt«, raffte Elah sich auf; »hab' ich einiges zu erledigen. Laß mich, bitte, allein, bis das besorgt ist.«

Und erhobenen Hauptes machte er kehrt und trat in das Haus.

Oben in ihrem Gemach verharrte Seraja eine Weile in ruhelosen Gedanken. Ob Elah wirklich seinen Entschluß, Malthas und ihren Bruder fortzuschicken, wahr machte? Wie oft schon hatte er in der Vergangenheit seine gute Absicht kundgetan und hatte dann, wenn es sie zu verwirklichen galt, schwächlich nachgegeben! Seraja kannte seine Unbeständigkeit, sie begriff, daß eine Nacht nicht genügte, solche Schwäche zu überwinden. Und doch hegte sie diesmal Hoffnung, ja sie war plötzlich fest davon überzeugt, daß sein guter Vorsatz durchdringen würde. Eine Woge tiefen Glücksgefühls durchflutete sie. Die zarte Filigrankette, die Elah ihr zur Verlobung geschenkt, kam ihr in den Sinn, sie suchte danach und fand sie endlich in einem vergessenen Kästchen, das sie in eine Schublade getan. Sie befestigte das kleine Goldkreuz an dem Kettchen und hängte es sich um den Hals.

In der Herberge machte sich der Alltag geltend, Kochtöpfe brodelten auf dem Herd, Gäste eilten in den Gängen hin und her, auf den Pflastersteinen des Hofes klapperten Pferdehufe. Waren diese Tage des Wunders je Wirklichkeit gewesen? Alles hätte ein Traum sein mögen, hätte nicht das Kreuz auf ihrer Brust gehangen. Doch für Seraja war es keinesfalls ein Traum. Im Geist sah sie die kleine Familie ihres Weges ziehen … Maria, Joseph und das Kind. Sie folgten dem Pfad, der ihnen vorbestimmt war, erduldeten Entbehrung und Verfolgung, um zu erfüllen, was der Himmel ihnen bestimmt hatte. Tränen feuchteten Serajas Augen, als sie des unsäglichen Glücks gedachte, mit dem sie das Kind in den Armen gehalten hatte. Großes wird ER vollbringen, dachte sie, und ich bin es gewesen, die IHN an dem Tage, da ER geboren wurde, sah und in meinen Armen hielt. Konnte jemals ein anderer, selbst in fernster Zukunft, die Süßigkeit dieses gesegneten Tages fühlen? Sie wußte es nicht, doch konnte sie das Kreuz in ihre Hand schließen und ein Gelübde tun: Jedes Jahr, solange ich lebe, will ich, mag ich auch der einzige Mensch auf Erden sein, der solches tut, die Geburt dieses Kindes feiern, und sooft ich sie feiere, werde ich Seligkeit auskosten. Und leise, im Selbstgespräch, als hütete sie einen Schatz, flüsterte sie den Namen, den Maria – so hatte sie gesagt – IHM geben würde.

Erich Kästner

Ein Kind hat Kummer

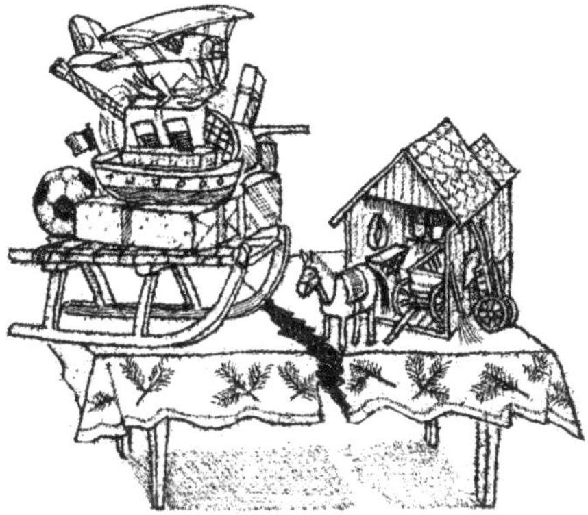

Nur einmal in jedem Jahre hätte ich sehnlich gewünscht, Geschwister zu besitzen: am Heiligabend! Am Ersten Feiertag hätten sie ja gut und gerne wieder fortfliegen können, meinetwegen erst nach dem Gänsebraten mit den rohen Klößen, dem Rotkraut und dem Selleriesalat. Ich hätte sogar auf meine eigene Portion verzichtet und statt dessen Gänseklein gegessen, wenn ich nur am 24. Dezember abends nicht allein gewesen wäre! Die Hälfte der Geschenke hätten sie haben können, und es waren wahrhaftig herrliche Geschenke!

Und warum wollte ich gerade an diesem Abend, am schönsten Abend eines Kinderjahres, nicht allein und nicht das einzige Kind sein? Ich hatte Angst. Ich fürchtete mich vor der Bescherung! Ich hatte Furcht davor und durfte sie nicht zeigen. Es ist kein Wunder, daß ihr das nicht gleich versteht. Ich habe mir lange überlegt, ob ich darüber sprechen solle oder nicht. Ich will darüber sprechen! Also muß ich es euch erklären.

Meine Eltern waren, aus Liebe zu mir, aufeinander eifersüchtig. Sie suchten es zu verbergen, und oft gelang es ihnen. Doch am schönsten Tag im Jahr gelang es ihnen nicht. Sie nahmen sich sonst, meinetwegen, so gut zusammen, wie sie konnten, doch am Heiligabend konnten sie es nicht sehr gut. Es ging über ihre Kraft. Ich wußte das alles und mußte, uns dreien zuliebe, so tun, als wisse ich's nicht.

Wochenlang, halbe Nächte hindurch, hatte mein Vater im Keller gesessen und, zum Beispiel, einen wundervollen Pferdestall gebaut. Er hatte geschnitzt und genagelt, geleimt und gemalt, Schriften gepinselt, winziges Zaumzeug zugeschnitten und genäht, die Pferdemähnen mit Bändern durchflochten, die Raufen mit Heu gefüllt, und immer noch war ihm, beim Blaken der Petroleumlampe, etwas eingefallen, noch ein Scharnier, noch ein Beschlag, noch ein Haken, noch ein Stallbesen, noch eine Haferkiste, bis er endlich zufrieden schmunzelte und wußte: Das macht mir keiner nach!

Ein andermal baute er einen Rollwagen mit Bierfässern, Klappleitern, Rädern mit Naben und Eisenbändern, ein solides Fahrzeug mit Radachsen und auswechselbaren Deichseln, je nachdem, ob ich zwei Pferde oder nur eins einspannen wollte, mit Lederkissen fürs Abladen der Fässer, mit Peitschen und Bremsen am Kutschbock, und auch dieses Spielzeug war ein fehlerloses Meisterstück und Kunstwerk!

Es waren Geschenke, bei deren Anblick sogar Prinzen die Hände überm Kopf zusammengeschlagen hätten, aber Prinzen hätte mein Vater sie nicht geschenkt.

Wochenlang, halbe Tage hindurch, hatte meine Mutter die Stadt durchstreift und die Geschäfte durchwühlt. Sie kaufte jedes Jahr Geschenke, bis sich deren

Versteck, die Kommode, krummbog. Sie kaufte Rollschuhe, Ankersteinbaukästen, Buntstifte, Farbtuben, Malbücher, Hanteln und Keulen für den Turnverein, einen Faustball für den Hof, Schlittschuhe, musikalische Wunderkreisel, Wanderstiefel, einen Norwegerschlitten, ein Kästchen mit Präzisionszirkeln auf blauem Samt, einen Kaufmannsladen, einen Zauberkasten, Kaleidoskope, Zinnsoldaten, eine kleine Druckerei mit Setzbuchstaben und, von Paul Schurig und den Empfehlungen des Sächsischen Lehrervereins angeleitet, viele, viele gute Kinderbücher. Von Taschentüchern, Strümpfen, Turnhosen, Rodelmützen, Hemden und ähnlich nützlichen Dingen ganz zu schweigen. Es war ein Konkurrenzkampf aus Liebe zu mir, und es war ein verbissener Kampf. Es war ein Drama mit drei Personen, und der letzte Akt fand, alljährlich, am Heiligabend statt. Die Hauptrolle spielte ein kleiner Junge. Von seinem Talent aus dem Stegreif hing es ab, ob das Stück eine Komödie oder ein Trauerspiel wurde. Noch heute klopft mir, wenn ich daran denke, das Herz bis in den Hals. Ich saß in der Küche und wartete, daß man mich in die Gute Stube rief, unter den schimmernden Christbaum, zur Bescherung. Meine Geschenke hatte ich parat: für den Papa ein Kistchen mit zehn oder gar 25 Zigarren, für die Mama einen Schal, ein selbstgemaltes Aquarell oder – als ich einmal nur noch 65 Pfennige besaß – in einem Karton aus Kühnes Schnittwarengeschäft, hübsch verpackt, die sieben Sachen. Die sieben Sachen? Ein Röllchen weißer und ein Röllchen schwarzer Seide, ein Heft Stecknadeln und ein Heft Nähnadeln, eine Rolle weißen Zwirn, eine Rolle schwarzen Zwirn und ein Dutzend mittelgroßer schwarzer Druckknöpfe, siebenerlei Sachen für 65 Pfennige. Das war, fand ich, eine Rekordleistung! Und ich wäre stolz gewesen, wenn ich mich nicht so gefürchtet hätte.

Ich stand also am Küchenfenster und blickte in die Fenster gegenüber. Hier und dort zündete man schon die Kerzen an. Der Schnee auf der Straße glänzte im Laternenlicht. Weihnachtslieder erklangen. Im Ofen prasselte das Feuer, aber ich fror. Es duftete nach Rosinenstollen, Vanillezucker und Zitronat. Doch mir war elend zumute. Gleich würde ich lächeln müssen, statt weinen zu dürfen.

Und dann hörte ich meine Mutter rufen: »Jetzt kannst du kommen!« Ich ergriff die hübsch eingewickelten Geschenke für die beiden und trat in den Flur. Die Zimmertür stand offen. Der Christbaum strahlte. Vater und Mutter hatten sich links und rechts vom Tisch postiert, jeder neben seine Gaben, als sei das Zimmer samt dem Fest halbiert. »Oh«, sagte ich, »wie schön!« und meinte beide Hälften. Ich hielt mich noch in der Nähe der Tür, so daß mein Versuch, glücklich zu lächeln, unmißverständlich beiden galt. Der Papa, mit der erloschnen Zigarre im Munde, beschmunzelte den firnisblanken Pferdestall. Die Mama blickte triumphierend auf das Gabengebirge zu ihrer Rechten. Wir lächelten zu dritt und überlächelten unsre dreifache Unruhe. Doch ich konnte nicht an der Tür stehen bleiben!

Zögernd ging ich auf den herrlichen Tisch zu, auf den halbierten Tisch, und mit jedem Schritt wuchsen meine Verantwortung, meine Angst und der Wille, die nächste Viertelstunde zu retten. Ach, wenn ich allein gewesen wäre, allein mit den Geschenken und dem himmlischen Gefühl, doppelt und aus zweifacher Liebe beschenkt zu werden! Wie selig wär ich gewesen, und was für ein glückliches Kind! Doch ich mußte meine Rolle spielen, damit das Weihnachtsstück gut ausgehe. Ich war ein Diplomat, erwachsener als meine Eltern, und hatte dafür Sorge zu tragen, daß unsre feierliche Dreierkonferenz unterm Christbaum ohne Mißklang verlief. Ich war, schon mit fünf und sechs Jahren und später erst recht, der Zeremonienmeister des Heiligen Abends und entledigte mich der schweren Aufgabe mit großem Geschick. Und mit zitterndem Herzen.

Ich stand am Tisch und freute mich im Pendelverkehr. Ich freute mich rechts, zur Freude meiner Mutter. Ich freute mich an der linken Tischhälfte über den Pferdestall im allgemeinen. Dann freute ich mich wieder rechts, diesmal über den Rodelschlitten, und dann wieder links, besonders über das Lederzeug. Und noch einmal rechts, und noch einmal links, und nirgends zu lange, und nirgends zu flüchtig. Ich freute mich ehrlich und mußte meine Freude zerlegen und zerlügen. Ich gab beiden je einen Kuß auf die Backe. Meiner Mutter zuerst. Ich verteilte meine Geschenke und begann mit den Zigarren. So konnte ich, während der Papa das Kistchen mit seinem Taschenmesser öffnete und die Zigarren beschnupperte, bei ihr ein wenig länger stehenbleiben als bei ihm. Sie bewunderte ihr Geschenk, und ich drückte sie heimlich an mich, so heimlich, als sei es eine Sünde. Hatte er es trotzdem bemerkt? Machte es ihn traurig?

Nebenan, bei Grüttners, sangen sie »O du fröhliche, o du selige, gnadenbringende Weihnachtszeit!« Mein Vater holte ein Portemonnaie aus der Tasche, das er im Keller zugeschnitten und genäht hatte, hielt es meiner Mutter hin und sagte: »Das hätt ich ja beinahe vergessen!« Sie zeigte auf ihre Tischhälfte, wo für ihn Socken, warme lange Unterhosen und ein Schlips lagen. Manchmal fiel ihnen, erst wenn wir bei Würstchen und Kartoffelsalat saßen, ein, daß sie vergessen hatten, einander ihre Geschenke zu geben. Und meine Mutter meinte: »Das hat ja Zeit bis nach dem Essen.«

Quellenverzeichnis

Isaac B. Singer, Zlateh, die Geiß
Aus dem gleichnamigen Band
© 1968 Sauerländer Verlags AG, Aarau
Übersetzung: Rolf Inhauser

Charles Tazewell, Der kleinste Engel und der Weihnachtsstern
Aus dem gleichnamigen Band
© 1965, 1986 Verlags AG Die Arche, Zürich
Übersetzung: Ursula von Wiese

Alexander Jablonowsky, Filka
Aus: Russische Weihnacht. Erzählungen (Hrsg. Alexander Simon)
© 1958 Verlags AG Die Arche, Zürich
Übersetzung: Olga Flohr

Heinrich Albertz, Eine andere Weihnachtsgeschichte
Aus: Warten auf ihn (Hrsg. Wolfgang Erk)
© 1981 Radius Verlag, Stuttgart

Italo Calvino, Die Kinder des Weihnachtsmanns
Aus: Marcovaldo oder Die Jahreszeiten in der Stadt
© 1988 Carl Hanser Verlag, München Wien
Übersetzung: Heinz Riedt

Herman Bang, Das Puppenkaufhaus
Aus: Werke in drei Bänden
© 1982 Hinstorff Verlag, Rostock
Übersetzung: Elfriede Adelberg und Gisela Perlet

Umberto Eco, Brief an meinen dreijährigen Sohn
Aus: Platon im Striptease-Lokal
© 1990 Carl Hanser Verlag, München Wien
Übersetzung: Burkhart Kroeber

Alexander Lernet-Holenia, Die Heiligen Drei Könige von Totenleben
Aus: Götter und Menschen
© 1964 Paul Zsolnay Verlag, Wien

Isaac B. Singer, Eine Geschichte von drei Wünschen
Aus: Massel und Schlamassel
© 1988 Carl Hanser Verlag München Wien
Übersetzung: Gertrud Baruch

Dylan Thomas, Weihnachtsgespräch
Aus:Porträt des Künstlers als junger Hund
© 1994 Carl Hanser Verlag, München Wien
Übersetzung: Erich Fried

Luise Rinser, Schaufel und Besen
Aus: Weihnachts-Triptychon
© 1963 Verlags AG Die Arche, Zürich

Leo Tolstoi, Wo Liebe ist, da ist Gott
Aus: Russische Weihnacht. Erzählungen (Hrsg. Alexander Simon)
© 1958 Verlags AG Die Arche, Zürich
Übersetzung: August Schulz

Colette, Weihnachtsgeschenke
Aus: Sonntagslaune
© 1988 Paul Zsolnay Verlag, Wien
Übersetzung: Roseli und Saskia Bontjes van Beek

Italo Calvino, Marcovaldo im Supermarkt
Aus: Marcovaldo oder Die Jahreszeiten in der Stadt
© 1988 Carl Hanser Verlag, München Wien
Übersetzung: Heinz Riedt

Pearl S. Buck, Ein Stern am Himmel
Aus: Weihnachtssterne. Erzählungen
© 1956 Verlags AG Die Arche, Zürich

Leonid Andrejew, Das Engelchen
Aus: Russische Weihnacht. Erzählungen (Hrsg. Alexander Simon)

Übersetzung: Olga Flohr

Rafik Schami, Die Geburt

Isaac B. Singer, Die Macht des Lichts
Aus: Massel und Schlamassel

Übersetzung: Gertrud Baruch

Werner Wollenberger, Janine feiert Weihnachten
Aus: Sei willkommen schöner Stern (Hrsg. Gertrud Mielitz)

Theodor Storm, Unterm Tannenbaum

Janina David, Wer glaubt noch an den Weihnachtsmann?
Aus: Jaguar, Zebra, Nerz, Mandrill

Übersetzung: Jakov Leutner

Teresa Bloomingdale, Liber Weinachtsmann!
Aus: Wie geht es Dir? Mir geht es gut – Das ist die Hauptsache!

Übersetzung: Ina Pope

Archibald Joseph Cronin, Eine Weihnachtsgeschichte

Übersetzung: Edmund Th. Knaur

Erich Kästner, Ein Kind hat Kummer
Aus: Als ich ein kleiner Junge war

Inhalt